青少年成长的困惑与解答

全国12355青少年服务台
常见问题和典型案例选编

共青团中央维护青少年权益部
北京市青少年法律与心理咨询服务中心 ◎编

中国青年出版社

(京)新登字 083 号

图书在版编目（CIP）数据

青少年成长的困惑与解答：全国 12355 青少年服务台常见问题和典型案例选编 / 共青团中央维护青少年权益部，北京市青少年法律与心理咨询服务中心编 .-- 北京：中国青年出版社，2021.11
ISBN 978-7-5153-6535-0

Ⅰ．①青… Ⅱ．①共… ②北… Ⅲ．①青少年教育—案例—中国 Ⅳ．① G775
中国版本图书馆 CIP 数据核字（2021）第 224984 号

责任编辑：孙梦云
内文排版：李宝工作室

出版发行：中国青年出版社
社　　址：北京东四 12 条 21 号
邮政编码：100708
网　　址：www.cyp.com.cn
编辑部电话：（010）57350394
门市部电话：（010）57350370
印　　装：北京科信印刷有限公司
经　　销：新华书店
规　　格：710mm×1000mm　1/16
印　　张：17.5
字　　数：200 千字
版　　次：2022 年 1 月北京第 1 版
印　　次：2022 年 1 月北京第 1 次印刷
定　　价：79.00 元

本书如有印装质量问题，请凭购书发票与质检部联系调换
联系电话：（010）57350337

各地 12355 青少年服务台工作展示

▲ 12355 青少年服务台心理专家开展团体辅导小组活动

▲ 12355 青少年服务台心理专家走进班级开展沙盘游戏体验活动

▲ 12355 青少年服务台积极参与疫情防控活动

▲ 12355 青少年服务台心理专家在方舱医院开通心理援助广播

▲ 12355青少年服务台心理专家开展复学心理健康系列活动并录制线上课程

▲ 12355青少年服务台心理咨询师为学生家长进行情绪疏导

▲ 12355青少年服务台心理咨询师为中高考的学生家长开展团体减压活动

▶ 12355青少年服务台志愿者宣讲"多彩课堂"防性侵课程

▲ 12355青少年服务台心理专家走进学校开展"轻松备考 12355与你同行"活动

▲ 12355青少年服务台心理专家在学校开展青少年健康守护行动

◀ 12355青少年服务台自护教育专家在社区开展暑期安全自护活动

◀ 12355青少年服务台心理专家为青年志愿者开展抗击疫情心理素质拓展活动

▲ 12355青少年服务台志愿者接听热线咨询电话

▲ 12355青少年服务台接线员为来电者进行热线心理咨询

▲ 12355青少年服务台心理专家开展"心理健康校园行"活动

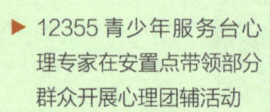

▶ 12355青少年服务台心理专家在安置点带领部分群众开展心理团辅活动

本书编写组

主　　编： 王　锋　许建农

学术顾问： 卢　勤　柯　英

编写组成员：

张蔚红　王　艺　李国毫　古华岩　王　蕾

艾梦瑶　李友光　郭宝宁　左　莎　杨　杰

张满江　张　红　姜东军　肖红云　陈晓冬

宋宇坤　张蔼萍

信任，是爱的脊梁

卢 勤*

青少年在成长过程中遇到烦恼和困惑，最想向谁倾诉？当然，向他最信任的人倾诉。尤其是处在青春期的少年，他们心中的小秘密，只会向他们信任的人诉说。

父母在陪伴孩子成长过程中遇见难题和焦虑，最会向谁求助？当然，也会向他们信任的人和机构求助，他们信任对方，才会把心交给对方。

读完由共青团中央维护青少年权益部和北京市青少年法律与心理咨询服务中心共同编写的《青少年成长的困惑与解答》，我的心中盛满感动与信任。

信任，是爱的脊梁。

信任，不仅能带给孩子心灵的安全感，还能让孩子产生自信，让

---

* 卢勤：中国少年儿童新闻出版总社首席教育专家、原总编辑，著名的"知心姐姐"。

他们拥有无穷的力量去迎接逆境。当他最信任的人告诉他"我相信你一定能行"时，奇迹就会发生。

信任，不仅能带给父母希望，还让他们相信，他的孩子一定能行，于是，不放弃对孩子的爱，静等花开。

为什么处于青春期的少年会把自己的小秘密告诉12355青少年服务台？为什么情绪焦虑的父母遇到教育孩子的难题，会在第一时间向全国12355青少年服务台求助？

这都是因为，他们对12355青少年服务台充满信任。他们相信，这个平台能够帮到他们，才毫无顾忌地倾诉心声。

14年来，各地12355青少年服务台是如何赢得广大青少年和父母的信任的呢？我认为，是因为有"三心"的爱。

一是真心的爱，理解孩子，接纳孩子。12355青少年服务台的工作人员，懂得孩子，了解孩子成长的规律。他们知道，每一个青少年在成长的过程中，都会遇到许许多多的困惑。当孩子们向他们倾诉的时候，他们会洗耳恭听，全盘接纳孩子提出的问题。没有质疑，没有指责，没有说教，总是用心去倾听孩子。当孩子们认为，对方非常理解自己，才会把自己的心里话说出来。和青春期的孩子交朋友是很难的事情，必须用真心换来真心。12355青少年服务台的工作人员做到了。于是，他们赢得了孩子们的信任。

二是耐心的爱，分析原因，给出方法。耐心是身在逆境中依然心情平和，不厌烦、不急躁，可以帮助人们长时间面对困境，不退缩，不畏惧。无论是面对青少年的种种困惑，还是家长们的各类难题，12355青少年服务台的工作人员都十分耐心，帮助分析问题产生的原因，给出一个又一个实操性的方法。让人觉得，有一个良师益友，在耐心地解答你的问题。这种态度，会让急躁不安的人感到心安，他们会把心放下，洗耳恭听，虚心接受。这种耐心，会让家长悟出一个真理：每个孩子都是不同的，一定要耐心等待、耐心陪伴，静等花开，相信孩子最终能找到自己的人生之路。

三是恒心的爱，不怕反复，永不放弃。恒心，是不论面对什么环境都始终如一，不会变更。孩子人生的成长，不是短跑，是长跑，长跑需要恒心，持之以恒，不离不弃。12355青少年服务台的工作人员，十几年如一日，对所有的青少年和家长，不离不弃，他们相信，每个孩子的成长，都会遇到这样和那样的问题，只要我们相信孩子行，孩子就一定能行。

作家斯特林堡讲过一句很精辟的话："儿童时期是相信，少年时期是怀疑，成年时期是认识。"处在怀疑时期的少年，能够真正地信任一个组织、一个人，他才有可能摆脱人生的困惑。因为人不能独立地活在这个世界上，他需要社会。当处在认识时期的成年人，真正去信任一个组织、一个人的时候，他才能在困境中看到希望。因为助人和求助同样都是生存的能力。

14年来，12355青少年服务台陪伴少年走向了青年，从青年步入了成年，顺利地度过了青春期。当这些成长起来的青少年成为社会的栋梁时，他们会感谢这个平台不离不弃的陪伴。

14年来，12355青少年服务台陪伴一批又一批家长度过了教育孩子的焦虑期。当他们看到自己的孩子长大成人、步入社会、承担重任时，他们也会从内心里感谢这个平台真心实意的帮助。

12355青少年服务台，能够工作得这么精彩，正是因为爱。

有一位科学家曾说："人类在探索太空、征服自然之后，终将会发现自己还有一个更大的能力，那就是爱的力量，当这天来临时，人类的文明，将迈向一个新纪元。"那么，这一天是否已经来临了呢？只能说，这一天正在向我们走来。12355青少年服务台，正在用自己的实践，验证爱的力量。

信任，是爱的脊梁。没有信任，就没有爱；没有爱，也不会有信任。

"心"健康，新希望

柯 英[*]

青少年是国家的未来和民族的希望。李大钊有言，"盖青年者，国家之魂"，梁启超曾发出"少年强则国强"的号召，习近平总书记讲到"世界的未来属于年轻一代"。然而，青少年的成长并不是一帆风顺的，他们面临着形形色色的问题和困惑。

青少年随着身体的生长发育、社会接触面的逐渐扩大、社会交往的日益频繁，个人意识也迅速成长。但往往心理发展相对落后于生理发展，由此处于自我心理与生理的失衡状态，在学业上、情感上、生活上、社交上表现出诸多矛盾和问题，如厌学、说谎、网瘾、偷窃、缺乏学习动力、退缩等，出现困惑、苦闷、焦虑甚至抑郁等心理状态。心理问题一旦无法排解，往往深陷其中，无法自拔。世界卫生组织研究发现，精神卫生和心理行为问题是年轻人最主要的疾病负担。因此，重视和关注青少年心理健康势在必行，是现实之需，是发展之要。

---

[*] 柯英：原团中央《辅导员》杂志社社长兼总编。

12355青少年服务台开通以来，我始终在密切关注。在我看来，服务台能够及时掌握青少年思想和心理动态，一方面通过耐心开导、调解疏导，化解青少年在学业、就业、家庭、人际关系等方面遭遇的压力，使其摆脱困扰、轻装上阵；另一方面引导青少年认识自我、悦纳自我，始终保持乐观积极的心理状态和健全的人格，在成长的关键时期形成正确的人生观、价值观，树立远大的理想信念，养成自信自尊的精神品质。它是青少年身边的幸福港湾，给青少年温暖的陪伴；它是青少年人生旅程中的明亮灯塔，指引青少年前行的方向。它温柔、真诚、坚定的声音始终萦绕在青少年耳畔，抚平心灵的创伤，吹散心灵的雾霾，鼓励他们勇往直前。

本书正是依托全国各地12355青少年服务台，由心理专家和志愿者精心挑选的典型案例和平台机制创新实例组成。本书编委会团队长期致力于青少年心理健康和权益保护，具有丰富的理论和实践经验。为本书作序前，我阅读了全书，受益良多。书中案例代表性强，能够满足青少年普遍的心理需求和情感诉求，帮助青少年排忧解难，增强信心。机制创新实例对于各地12355平台的建设具有较强的借鉴和指导意义。我认为我国广大青少年和青少年工作者非常需要这样一本书，本书的出版无疑会对青少年群体的健康成长起到积极的促进作用，相信读者一定能够从中取得宝贵的收获。

希望本书的出版，能够抛砖引玉，引起更多的政策聚焦与实践投入，引起更多心理健康和权益维护领域专业人士的交流与创新，引起广大家长、青少年教育工作者的回味与思考。全社会都应该关注青少年心理健康与权益维护，都应该不断强化将青少年健康成长这个重大任务视为己任的自觉性和主动性，推动青少年心理健康和权益保护的机制建设，协调推进更加务实有效的行动举措，充分整合和动员各方面力量，使青少年得到更多的关爱，营造全社会关心关怀青少年的良好氛围。

人生就如旅途，有顺境也有逆境，有阳光也有风雨。愿所有青少年都能拥有强大的内心世界，都能有爱、有信心、有梦想，在人生的征途上乘风破浪、扬帆远航。

前 言

"团团你好,我是一名中考考生,有心事想跟你说……""老师您好,我心里好难受,能和您聊聊吗?……"

每天,12355服务台都会收到全国各地青少年的留言和来电,咨询各种心理困扰。

"谢谢老师!谢谢你们的关心!我会继续加油的!""老师,跟您聊完,我心里轻松多了。"

每天,都有来自全国各地的青少年收到12355服务台老师们的回复和帮助,曾经压在心底、令人无比困扰的心结打开了,释然了。

这里,是青少年成长的家园。自2006年12355青少年服务台正式成立以来,无数的青少年朋友在12355青少年服务台找到了答案、摆脱了迷途、获得了人生的动力;一批又一批的心理工作者、法律工作者、教育工作者、志愿者走进12355青少年服务台,奉献着知识与爱心,呵护着那些可爱而又略显稚嫩的心灵,为黑夜中前行的少年点燃一盏盏心灯。14年来,12355青少年服务台在不断成长、壮大,目前全国已有广东、上海、武汉、南京、太原、昆明等6家全国12355区域中心和269个地方12355青少年服务台,成为共青团组织依托专业力量、协同职能部门直接面向青少年提供成长咨询和权益服务、参与基层社会治理的工作阵地和有效载体。

如果说12355服务台为青少年提供的服务像一道道清澈的小溪,那么一个个真实的案例就如同一滴滴晶莹的水滴,每一滴溪水或酸、或甜、或苦,每一道溪水或湍急、或平缓、或翻起一朵小小的浪花,但终究会流向远方。品味这些案例、分析这些案例,是提升12355青少年服务台水平的重要方法,也是把握当前青少年思想动态、提高为青少年服务水平的重要工作。为此,在各地共青团组织的支持下,团中央维护青少年权益部组织编写了这部《青少年成长的困惑与解答——全国12355青少年服务台常见问题和典型案例选编》。

本次案例选编的稿件聚焦近年来在12355青少年服务台日常工作中受理的常见问题、典型案例和平台机制创新实例,共收到来自全国28个省级共青团组织推荐的288篇稿件,精心挑选出近百个问答、案例及机制创新实例,这些案例较为全面地反映出各地共青团组织和12355青少年服务台全心全意为青少年服务的良好精神状态、严谨的工作作风和扎实专业的工作水平。在此,向为本次案例选编提供稿件的所有专业工作者表示诚挚的谢意!

在本案例选编的编纂过程中,团中央出台了《关于加强新时代12355青少年服务台建设的意见》,对新时代12355青少年服务台发展的总体要求、基本原则、建设目标、运行机制等均提出了具体的指导意见。我们相信,在党中央的领导下,在习近平总书记关于青年工作的重要思想指引下,12355青少年服务台一定能够为新时代青少年的健康成长发挥更大的作用,一代代的青少年一定会成为祖国不断发展、强大的合格建设者和接班人!

目 录
CONTENTS

问答篇 / 1

- 专题一 校园生活 / 2
- 专题二 家庭教育 / 21
- 专题三 身心健康 / 43
- 专题四 其他类型 / 59

案例篇 / 71

- 专题一 校园生活 / 72
- 专题二 家庭教育 / 103
- 专题三 身心健康 / 133
- 专题四 法治教育与司法保护 / 160
- 专题五 其他类型 / 175

机制创新篇 / 199

12355 实体化运作实践 / 200

向网上去——12355 多渠道回应青年需求 / 206

浅谈运用新媒体拓宽 12355 咨询服务渠道 / 211

提升能力　优化服务　争取党政职能部门长期支持 / 214

积极参与基层治理——突发公共事件中 12355 的作用 / 219

12355 志愿者认证管理与激励 / 223

12355 实体化运营模式分析 / 229

12355 青少年服务台实体运作探索之路 / 235

优化区域站点布局　发挥集中力量优势 / 239

浅谈 12355 青少年服务台的区域站点布局优化 / 243

附件一　心理学名词解释 / 247

附件二　参与本书编写工作的部分 12355 专家志愿者介绍 / 253

问答篇

专题一 校园生活

一、12355服务台的老师好！我的孩子今年刚刚上高一，初中时成绩还不错，基本在全年级前十名。到了高中之后，成绩下降，情绪波动也较大，并表示上学没什么意思，不想读书了。作为家长，我该怎么办呢？

★ 回复

您好！

从您的问题中我能感受到孩子应该是非常上进的。想象一下，一个渴望学习出色的孩子，面临着学习环境的变换、学习内容的转变，突然变得手忙脚乱，情绪越来越烦躁，究竟为什么呢？如果没有其他原因，很可能是因为学习方法不当，学习不得其门而入。孩子想学好，却不知怎样才能提高效率，久而久之，看到学习就烦躁，根本静不下心来。

从初中到高中是比较特殊的过渡，相比较初三，高一课程内容难度明显加大，倘若方法不当，极易出现不适应的现象。常见情况是课堂上好像懂了，但没有深入理解，一到写作业和考试的时候就会出现各种问题。

此外，高中学生仍处于青春期，一种莫名的情绪在孩子心中酝酿，却又不能完全表达出来，甚至连他们自己都意识不到，其实这是自我意识越来越强的表现。所以，孩子情绪波动大是青春期的自然反应。成就感和挫折感交替存在，孩子又不知道怎样正确宣泄情绪，自然会变得烦躁不安。对此，我们建议：

1. 共同分析烦躁的深层原因。在孩子表现出烦躁的时候，和孩子坐下来心平气和地探讨烦躁的原因，如果孩子说作业太多，那就聊聊为什么会觉得多，有没有不会的，是不是作业变简单了就可以很快做完？如果孩子再给出其他理由就继续聊下去。总之就是从一个话题切入，孩子每给出一个问题，就以这个问题为切入点再次聊下去，直到找到孩子情绪化的深层原因。沟通中注意控制情绪，用聊天的方式，不评判不批评，营造轻松的沟通氛围。要让孩子感觉到你是在关心他，而不是质问他，即使觉得有些理由很可笑，也尽量尊重孩子的答案，时刻提醒自己：现在是找原因而不是解决问题。

2. 针对原因找办法。如果找到了烦躁的原因，和孩子一起探讨解决方法并切实执行；如果没找到，应寻求老师帮助，分析孩子是否存在学习方法问题或其他人际关系问题，并征求老师的改善建议。同时，家长对孩子的要求要适度，要多鼓励认可，少批评抱怨，提升孩子自信。

3. 引导合理期待，制订短期目标。帮助孩子认识高中课程的特点，让孩子认识到一开始名次下降没关系，和孩子一起制订容易实现的短期目标，达到目标后及时正面反馈，激发信心和斗志。

4. 培养孩子的业余兴趣和爱好，鼓励孩子参加体育锻炼，和孩子一起欣赏音乐、散步，增加亲子互动时间，让孩子的情绪得到合理宣泄。

解答要点

首先，找到孩子情绪波动和厌学的原因，然后对症下药；其次，家长应帮助孩子宣泄情绪，成为孩子的支持者，避免过度施加压力。

二、我是一名初中女生，最近总感觉学习压力过大，情绪也很低落甚至焦虑，该如何缓解呢？

回复

你好！

这种情况很普遍，近年来有较多的初中学生特别是女生咨询此类问题。对此，建议你从以下几方面做些调整。

1. 学会调节情绪

情绪对学习有很大的影响。挫折、压力、疲劳等会使人心情不好，心情不好又反过来影响学习，学习成绩差又使压力更大，形成恶性循环。可见学会调节情绪是非常重要的。简单的方法有：

（1）音乐调节法。学习上感到疲劳或遇到困难时，尝试听一些轻松欢快的音乐，跟随音乐尽情放飞思绪，可以使人心境舒畅，放松心情。

（2）腹式呼吸法。如果感觉过于焦虑或压力过大，影响了学习生活，可以用腹式呼吸来调节。腹式呼吸法能让大脑深度放松，对于提升注意力和意志力都很有效果，一次5-10分钟即可。遇到失眠或考前紧张的时候也可以做几次腹式呼吸，能快速缓解焦虑。

（3）运动调节法。当情绪确实难以调节，严重影响到学习时，还可以适当做些体育运动，跑一跑、跳一跳、打打球或做做操，运动能帮助我们宣泄消极情绪，放松身心。

2. 树立自信

缺乏自信往往是导致焦虑、压力过大的重要原因。许多中学生自尊心过强，担心考不好没"面子"，导致焦虑、压力过大。这些都与缺乏自信有关。首先，需调整认知，树立自信。要正确看待考试失败。应认识到考试只是一种检验手段，尤其是日常考试，其目的是检查知识薄弱环节，考试后重要的不是攀比分数，而是总结错题，并以此为基础巩固相关薄弱知识。如果每次都能总结经验，学习成绩自然会逐步提高，自信心也会随之增强。其次，要正确对待他人评价，专注做好自己。尝试把注意力集中到自己身上，做好自己该做的。失败了就总结经验教训，继续努力；成功了就享受成功的喜悦，再接再厉。如此形成良性循环，自信心也就油然而生了。

3. 学会学习，养成合理的学习生活规律

产生学习焦虑的直接原因往往是学习成绩不理想，而成绩不理想原因很多，大部分是学习方法问题。建议合理安排学习时间，张弛有度，不能不顾生理节律拼命蛮干，要掌握适合自己的科学的学习方法，养成合理的生活规律，提高专注力，培养意志力。

解答要点

首先,提供调节情绪、减轻压力的具体方法;其次,通过提高自信心、改变学习方法、改善心态,积极地面对压力与挑战,提高学习成绩和学习效率。

> **三、老师好!我的数学作业未写,被班主任批评,心里很难受,12355青少年服务台能帮助我与老师沟通吗?**

回复

你好!

感谢对12355青少年服务台的信任。因为作业未写,被老师批评,这种情况在校园里也许并不少见。其实,面对老师的批评,你是有能力通过自我调整与积极沟通获得老师谅解的。在这里给你提供以下几个方法,不妨一试。

1. 换位思考,理解老师初衷。你被老师批评的原因很简单,是数学作业没写。相信老师只是想通过这种方式告诉你,不按要求完成作业是不对的。事实也是这样,必要的作业练习能巩固课堂所学知识,深化理解。所以从某种角度讲,老师也是出于负责任的态度,目的是希望你能认真做作业,取得更好的成绩。

2. 独立解决问题,提升抗挫能力。自己有错在先,受到批评,第一时间想到寻求12355老师的帮助,当然很感谢你的信任,但同时又有些许隐忧,因为以后你还可能遇到类似的甚至更严重的问题,总不能每次都让别人来帮你解决,对不对?所以趁此机会,勇敢地面对它,尝试独立解决。我们的能力正是在不断解决问题的过程中提升的，独立解决的问题越多，积累的经验就越多，抗挫能力就越强。

3. 自我反省，承认自身问题，及时改正。既然老师这么做是为了让你更好地认识到自己的错误，那么只要亲自去找老师承认错误，感谢老师的一片苦心，并做到以后按时完成作业，相信老师一定会原谅你的。事实上，很多毕业之后还和老师保持联系的学生，往往是被老师批评教育过的学生，因为老师们对这些学生付出了更多心血和感情，反而更容易建立深厚的师生情谊。所以不必害怕，勇敢地去找老师，真诚地承认错误，你一定会获得谅解的，老师也会因为你勇于面对和承认错误的精神而感到欣慰，对你会有更好的印象。

倘若通过以上方法仍然行不通，建议请家长与学校积极沟通解决。

解答要点

首先，理解和共情，澄清其问题的实质并提供心理支持及具体的解决方法；其次，引导孩子学会独立面对问题，学会换位思考，进而从根本上改善人际交往状况。

四、上大学以后觉得和自己想象的差距很大，遇到很多的挫折，不知该怎么办，如何正确面对挫折？

★ 回复

你好！

随着年龄的增长，遇到的问题会越来越多，学业问题、人际关系、家庭矛盾等问题越发明显，生活好像不如以前那么顺利了。大学阶段是人生中的重要时期，会面临一定的困难和挫折，应该怎么应对呢？以下方法供你参考：

1. 正确认识挫折

（1）认识到挫折存在的普遍性。从某种意义上说，生活就是喜怒哀乐的总和。认识到挫折是人生不可避免的一部分，敢于正视它，就会对挫折有充分的心理准备，把挫折当作进步的阶梯和成功的起点。

（2）认识到挫折的两面性，换个角度看挫折。挫折能给人带来痛苦，也能使人奋起和成熟；它有消极的一面，也有积极的一面。学习从不同角度看问题，发现挫折的积极面，从中汲取奋进的力量。

（3）学会面对和放下。严重的挫折会给人以剧烈刺激，使人在情绪上一时难以摆脱消极影响。挫折已经发生，这是无法改变的事实，应学会接纳并勇敢面对，积极寻找解决办法。如果已经过去，应尽量往前看，转移注意力，专注当下更重要的事。

2. 正确归因

挫折的形成，是由外界客观因素和内在主观因素共同造成的。而人的归因分为两种，即外归因和内归因。正确归因，就是要对造成挫折的原因进行实事求是、客观的认识和分析。既不能过度外归因，也不能过度内归因。

3. 调节抱负水平

抱负水平是指人在从事某种实际活动之前，对自己所要达到的目标规定的标准。然而抱负和实际成就并不一定相符，所以抱负水平的高低以及确立的标准是否合适，会影响你对成败的体验。

4. 模拟挫折情境，自我磨练

个体在挫折感受和对挫折的承受力上的差别，与其挫折阈的高低有关，而挫折阈又受挫折经验的影响。有较多挫折经验的人比一帆风顺的人挫折阈要高，抗挫折能力也要高。在日常生活中，可以有意识地容忍、接受甚至模拟一些挫折情境，在挫折中培养良好的心理素质。大学阶段，世界观、人生观、价值观正在定型，心理逐步成熟，要在心理上作好应对挫折的准备，考虑到应对各种困难的方式方法。

5. 寻找美好的一面

世间万物均有其两面性。逆境和顺境也可以互相转化，在遭遇挫折时，要善于发现自己的优点和长处，肯定自己的能力，审视已经完成的工作和曾经取得的成绩，还要有意培养自己某一方面的兴趣，振作精神，树立信心，增强战胜挫折的勇气。

6. 改善挫折情境，建立和谐的人际关系

挫折发生后，经过认真分析，设法将其改变、消除或降低负面影响，消极情绪也会得到相应缓解。同时，和谐的人际关系，挚友和家人的鼓励、信任和安慰，也有助于缓解不良情绪。

解答要点

首先，帮助来访者改变认知，正确看待挫折，正确归因；其次，提供心理及行为指导，通过调节抱负水平、自我磨练、改善人际关系等方法，增强面对挫折的信心和勇气，提高抗挫能力。

> **五、我是高三学生，因学习压力大，模拟考不理想，情绪低落，言语表达较为偏激，感觉身体不适，打球时脚又扭伤，心里难受，好像喘不过气，全身无力，失眠。**

⭐ 回复

你好！

感谢对 12355 平台的信任。能感觉到你现在压力确实很大，面临高考，模拟考试不理想，脚还受伤了，遇到这些情况无论谁都不免难过、沮丧，很理解你现在的心情。

因考试失败出现过度情绪反应，其中一个原因是把考试当成了证明自己能力的测试，好像一次考不好就证明自己能力不行了，高考也无望了。但事实并非如此，我们对知识的掌握不是固定不变的，就像你现在解题能力肯定好过初三时一样，通过努力，学习能力是可以不断提高的。

所以现在应该庆幸这次模拟考不是高考，我们还有翻盘的机会，这次考试失败没关系，只要从中好好总结知识薄弱环节，积极弥补，下次考试一定会有进步。

此外，应学会积极地看待问题，这样可改善情绪，增强抗压能力。虽然你因为考试不理想而沮丧，但也说明你是非常上进、对自己有较高要求的学生，有充足的学习动力，这一点是非常重要的。好好珍惜这份动力，再辅以恰当的方法，相信一定会有更好的表现。打球受伤，增加了身体的伤痛，但你可以充分利用这些时间专心学习，备战高考，从这个角度来讲也是积极因素啊！

如果确实很难入睡，或情绪仍然无法调节，可以尝试腹式呼吸法做放松训练。吸气的时候默念"吸"，一直把气吸到肚子鼓起来，屏息2秒，再慢慢均匀地呼出，并默念"呼"，直到清空胸腔的气。如此循环即可，过程中要把注意力尽可能集中到呼吸上，如果走神也没关系，拉回来即可。特别是在感到喘不过气、焦虑或失眠的时候做这个练习会有很好的效果。

倘若上述方法还是无法减压，可寻求专业心理老师的帮助。

解答要点

首先，帮助来访者分析产生过大压力的原因——不合理信念，改变对考试的看法，认识到一次考试并不能决定其最终的高考结果，当下的努力才是决定性影响因素；其次，提供心理放松技术和具体改善方法。

六、我是大二学生，上大学以后有拖延的毛病，不满意目前的状态，想知道该如何改变。

回复

你好！

之所以出现这些状况，可能与以下几个因素有关。

1. 完美主义。这是普遍存在的一种性格特点，主要表现为对人和事要求都很高，事情要一次做好，所以不愿意匆匆忙忙开始，要万事俱备才行，造成了拖延。怎么调整呢？可以经常提醒自己：现在的状态已经很好，可以开始了。每有一点进展都鼓励自己，认识到人无完人，出错是正常的。伟大的作家、诗人、艺术家都是断断续续才完成他们的杰作的，自己也可以如此。

2. 抵制与敌意。因为某些原因故意跟对方对着干。比如这个老师对我态度太差了，不愿意做他留的作业。这就需要认识到，不完成作业受害的是自己。想一想，仅仅因为老师的态度而影响到自己的前途是否值得。

3. 意志力差，畏难情绪。给自己找各种理由推托，比如任务太难了；别人都不用做我为什么要做；实在不想做，明天再做吧，等等。

如果事情确实很难，可以通过分解任务，降低每件事情的难度，然后再各个击破，取得进展；或先选择容易的来做，每天能多做一点就多做一点；此外也可以积极寻求帮助。

4. 自我贬低。如果常常不能很好地完成任务，对自己能力的估计会越来越低，即使以后完成了，也认为是运气。这种情况下，应提醒自己积极接受别人的赞扬，多多进行自我鼓励。

以下是摆脱拖延症的9个小窍门，不妨试试。

1. 时刻提醒。将工作报告、论文的最终期限或约会日期写下来，可以时刻提醒自己。对于特别重要的事情，用荧光笔重点标注一下。

2. 将重要工作安排在一天当中效率最高的时候。

3. 给自己设个最后期限。很多人都有这样的经验，那些看似不可能按时完成的任务，往往在最后一刻都能完成。

4. 将工作分出轻重缓急，重要的马上就做。当工作按重要性依次摆在你面前时,你就知道从何做起了。

5.每天早上至少完成一件你最不想做的工作,其余工作就能在轻松的心态下完成。

6.劳逸结合。

7.避免工作被打断。集中精力可以使你在短时间内完成更多的工作。

8.计划不要变来变去。一旦制订了计划,就严格遵守。不要为了使计划更完美,中途添加新的内容。

9.当按时完成工作时,给自己一个奖励。

解答要点

首先,分析产生"拖延"的心理原因,指出其存在的追求完美、抵制与敌意、畏难等心理因素;其次,提出克服拖延的具体方案和方法,从认知到行为予以指导。

七、老师好!开学换了新环境,应该如何与老师、同学建立良好的人际关系?

回复

你好!

校园里主动与人打招呼,看似简单,却很必要。主动与人打招呼,会给人随和、礼貌、热情的印象,这些个性品质有很强的人际吸引力,让人愿意与你交往。反之,见人不理不说话,则被认为冷漠、不礼貌、自大，不利于良好的人际关系的建立。除此之外，与同学、老师交往还有以下建议：

1. 与同学相处

（1）真诚。真诚是打开心灵的金钥匙，因为真诚使人产生安全感，减少自我防御。

（2）主动关心帮助。主动关心、帮助同学，展示自己的友好，会让人对你产生好感，愿意与你交朋友。

（3）尊重平等。尊重平等是良好人际关系的基础，平时应尊重所有人，既包括老师，也包括同学，做到不嘲讽、不欺凌、不歧视。

（4）寻找共同点。人们喜欢与跟自己有共同语言的人交朋友，可以寻找一些共同话题和共同爱好，增进与同学之间的友情。

2. 与师长相处

（1）虚心好学。老师最喜欢的学生，一定是虚心好学、遵守课堂纪律、专心听讲、积极回应老师课堂指令的学生。

（2）作业认真。布置作业，主要是为了检查学生的学习态度和学习效果。作业书写工整，卷面清晰干净，也是对老师的尊重。

（3）诚实考试。考试不作弊，真实作答，检验自己的真实水平，赢得老师、同学的尊重。

（4）避免顶撞。自己是学生，在学校的表现要符合学生的身份。可以和老师讨论，但不应顶撞老师。挨批评后应当理解老师的善意，并努力改正缺点。不管校内校外，遇到老师均应主动问好，尊敬师长。

希望以上建议对你有所帮助，也祝你尽快适应新环境，交到更多的好朋友，做一个人见人爱、健康快乐的学生。

🔑 解答要点

首先，帮助学生分析新学期开始后人际交往的影响因素；其次，提供与不同群体交往的技能技巧及注意事项，使其积极适应新的学习环境。

八、请问有哪些因素影响孩子的学习成绩？

⭐ 回复

您好！

孩子的学习成绩受多方面因素影响，主要有以下几个方面，供您在培养孩子时参考。

1. 培养孩子对知识的兴趣

兴趣是最好的老师，当孩子对知识产生兴趣，就会更加积极地完成学习任务。首先，学习兴趣的培养需要家长以身作则，尊重知识，不功利化地学习；其次，尊重孩子的好奇心，帮助孩子发现新的世界；第三，充分利用公共资源和自然人文景观，给孩子提供合适的教育环境和文化氛围。

2. 营造良好的家庭氛围和亲子关系

很多学生出现学习问题的根源并不是自身，而是家庭氛围和亲子关系。和谐的家庭氛围和亲子关系是孩子全身心投入学习的情绪基础。如果家庭存在矛盾冲突、气氛压抑、人际关系紧张、父母情绪状态不稳定，都会给孩子带来心理压力和创伤。因此，父母需要与孩子商讨、制订并执行计划，维护孩子的自尊，积极关注孩子的需求，做到耐心倾听、民主管理。

3. 和谐师生关系

师生关系和谐也是影响孩子学习成绩的因素之一。如果师生关系出现问题，例如孩子感觉被老师冤枉、冷落、不公平对待，就很容易使孩子对学习产生消极情绪。

当孩子与老师之间发生冲突时，家长应理智对待，切不可火上浇油。首先要尝试去理解和接纳孩子的情绪，不要用"老师永远对"的态度批评孩子；其次，等孩子情绪稍微冷静后，应给予孩子解释的机会，弄清楚事情的来龙去脉，判断是非对错，再进行下一步的沟通和教育；最后，家长要积极同老师进行沟通协调，推动事情的平稳解决，防止矛盾越积越深。

4. 关注孩子的学习认知能力发展水平

家长对孩子，特别是小学阶段的儿童，关注其学习成绩好坏的同时还要积极关注他们认知能力的发展水平。家长往往关注孩子学习成绩的好坏，很少关注孩子认知发展，例如记忆力、注意力、语言组织能力、书面表达能力、逻辑运算能力等。任何一项认知能力发展落后于同龄孩子，都可能出现学习障碍或学习困难，需要对其进行特别的教育辅导。个别孩子也可能出现心理发育发展类问题，需要由专业医生进行判断。

家长可以通过在照料过程中多给予孩子感官良性刺激和人际互动，培养孩子的课外兴趣，鼓励孩子参加课余、家庭和社会活动，帮助他们的认知发展，同时积极关注孩子与同龄人的日常表现，发现异常及时排查，并咨询专业人员。值得注意的是，不同孩子的认知发展有一定的差异性，不能过分地期望他们能超前发展。

5. 其他因素

其他影响因素还包括：孩子的自信心、规律的作息、充足的营养、良好的人际环境适应能力等。

🔑 解答要点

让家长认识到学习是一件复杂的系统工程，影响学习成绩的因素是多方面的，当孩子在学习上出现困难和问题时，家长应当根据相关影响因素理性分析，并选择适合的方式方法，科学地帮助孩子面对问题、解决问题。

> **九、孩子三年级，写作业总是马虎，抄写语文的字词都会错，一提醒好像又会，但还是反复错，怎么帮孩子克服？**

⭐ 回复

您好！

孩子写作业总是出错，一般有几个方面的原因：

第一，孩子在抄写字之前没有仔细观察。如果是这样的话，我们可以鼓励孩子写字的时候，先把字的结构、笔画看清楚，上中下也好，左中右也好，先看一部分，再看一部分，然后再来写好第一个、第二个字。写完之后，要检查一下，跟书上的字是否一致。这样，基本上就可以不出错。慢慢坚持下去，就会变成一种标准化的动作，这种标准化的动作，从长期看，就是学习习惯的养成。

第二，经常有的孩子上学写错一个字，就会被罚抄，往往是错一个字，写5行、10行、100个、200个。其实这种罚抄的模式有问题，很多孩子抄的时候就很生气、很痛苦，罚抄背后的逻辑是让孩子长记性，但大部分孩子在抄的过程中往往无动于衷，带着情绪，很难变成学习动力，所以这种罚抄往往没有很好的效果。

可以给孩子两个选择：（1）罚抄100遍，一次性写完；（2）罚抄30遍，分三天写，每天写10个，写对为止。大部分孩子就会选第二种，因为孩子会觉得有某种选择和控制性，也更容易去坚持。所以罚抄也是有技巧的。

第三，关于学习方法和习惯的整体规划。有的孩子写字写成一坨，有的孩子写的字歪歪扭扭，为什么会这样呢？主要就是孩子对他的工作——写字，缺少一个整体规划。写一个字或者一行字的时候，如果能有整体规划和整体意识，想好了再写，就不太容易把字写成一坨或者歪歪扭扭，写一行字同样也要事先想好大概摆放位置。如果这一次没有写好，就做个总结，下次写好。经过一段时间反复的训练，孩子就会有一个新的好习惯和好的思维方式。

解答要点

帮助家长认识到三年级孩子的观察能力、学习能力需要培养和训练，要根据孩子的身心特点采取适合的方式对孩子予以学习能力的指导，对于孩子学习中产生的错误不要简单地"一罚了之"，要给孩子详尽的指导方法，帮助其养成良好的学习习惯。

> 十、大学封闭管理后，整个人的状态非常差，觉得要疯了一样，加上面临毕业，内心十分焦虑，不知道该怎么办。看见学校的栅栏就有一种压抑感，快把我逼疯的感觉。

★ 回复

你好！

由于疫情，今年很多大学开学后都是封闭状态，这既是对学生负责，也是对社会负责，是从防疫的角度考虑而采取的措施。据我了解，很多学校的封闭并不代表不能外出，比如像你这样面临毕业的学生，会涉及实习和应聘等问题，具体可以参考你们学校的相关规定。从留言中看到你对此很压抑，觉得快要憋坏了，有一部分同学会跟你有相似的感受。你可以想一下，在前三年的大学生活中，学校没有封闭时，你外出的时间占到多少？也许没有很多，毕竟作为学生来说，学习是主要任务。可是一旦封闭不能出去，便会特别渴望外出，对此也会比以前更加的关注。当我们把精力分配到某件事情上越多，这件事情对我们的影响就越大。你说今年大四要毕业，压力很大。假如学校没有封闭，这些压力是否就不存在呢？转移注意力也是缓解压力的方式之一。不知道你平时面对压力的时候，会用怎样的方法，你可以想一想之前对你有用的方式，现在是否也可以应用到毕业压力上面。自由是相对的，没有规则的自由，到最后谁都享受不到自由。你说呢？感谢你的留言，祝好。

解答要点

　　疫情防控常态化情况下，对大学校园实行封闭管理是对学生的一种保护措施。但也会对学生的心理产生一定冲击。面对封闭后的校园，一方面学校要将心理疏导工作提前规划，制定心理疏导方案；另一方面，作为一线心理咨询师，应结合疫情防控形势和学校对学生的保护措施，引导学生正确认识疫情防控形势，接纳现实，同时帮助学生分析自身的心理状态，形成合理信念并提供缓解压力的方法。

专题二 家庭教育

一、我的孩子目前是初一学生,一直学习努力,听话乖巧,但成绩平平,自半年前沉迷一款爆火的手机游戏后,逃课、熬夜、不写作业、成绩倒数成了家常便饭,家长尝试多种办法无果。有什么方法帮助我吗?

★ 回复

您好!

很多家长带着"网瘾"孩子来咨询,其实经过接触,有很大比例的孩子都不是真正的网瘾患者,而是存在注意力缺陷、多动症、对立违抗行为等心理问题。孩子被这些心理问题困扰但无法排解,转而投入网络世界寻求安慰。

对您的孩子而言,他学习非常努力,可是他无论怎么努力成绩都没有明显提高,久而久之,就变得情绪低落和焦虑。偶然接触到手机游戏,游戏中的控制感和成就感是现实学习生活中没有的,也是他在现实生活中难以获得却极其渴望的,因此"喜欢"手机游戏也就很正常了。

由此判断，孩子并不是真正的"手机成瘾"，而是对现实困境的回避。对此不能简单作出孩子"手机成瘾"的判断，也不能仅仅把焦点放在解决"手机成瘾"问题上来。那么，具体怎么做呢？

1. 与孩子约法三章

在孩子接触网络前或刚开始接触网络时，家长可以与孩子定一个行为契约，与孩子约定上网时间、时长等问题。契约形成后，双方要严格遵守，孩子一旦养成习惯，就基本上不会出现长时间使用手机的情况了。

2. 引导孩子要把现实生活放在第一位

不回避问题，与孩子面对面交流，深入了解孩子的内心世界，了解孩子是否在学习和生活上存在困难、压力，是否焦虑、紧张、自卑。在这个过程中，要引导孩子认识到自己内心的矛盾和心理上的问题，并帮助孩子解决，进而让孩子明白手机游戏只是一个娱乐工具，并不能解决现实中的问题，逃避不是解决问题的办法。

3. 鼓励孩子参与竞争性活动

孩子自卑，希望获得成就感。对此，家长可以鼓励孩子参加一些擅长的竞争性活动，在竞争过程中，通过自己的努力体验到自己的价值，赢得成就感。孩子在现实生活中体验到成就感之后，就不再依赖虚拟空间给予的成就感，才能真正地离开网络"依赖"。

🔑 解答要点

帮助家长认识到"网瘾"的根本原因，很多网瘾源于现实中的挫折，因无力应对转而逃避到网络世界。所以，应对网瘾也应对症下药，掌握孩子真实的心理状态，提出可行的解决方案，从根本上解决孩子的问题。

> **二、您好，我的孩子性格焦躁，具有强烈的掌控欲，不听从家长的教导，甚至指责家长，稍有不如意就发脾气，不知如何教育。**

★ 回复

您好！

产生这种现象可能有多方面原因，建议从以下几个方面着手剖析和解决问题。

1. 要从生理的角度，了解孩子过去或者现在是否患有器质性疾病、是否服用过某些药物。首先排除生理上的问题。

2. 要分析现象本身，这种现象持续了多长时间？是否超过一个月不能自行缓解？不良情绪反应能不能在自己的理智范围内得到控制？能不能维持正常的生活、学习和社会功能？孩子是否曾受到过某件事情的刺激，是否经历过重大的超出孩子心理承受范围的事件？

3. 从生活环境的角度，分析家庭成员的情况。如家庭成员中有无性格表现相近的成员？日常的陪伴者、教育者是谁？成长过程中父母两个角色是否有缺失？通常是在什么情况下容易引发矛盾？学校环境中的表现如何？和朋友的相处状态如何？

家庭是一个系统，任何一个环节的问题，都不仅仅是某一个人的问题，所以不能把所有问题和责任简单归咎到孩子身上。孩子的性格很大程度上受家庭环境的影响。在家庭成员的互动中，孩子采取什么样的态度，往往取决于父母的反应方式。孩子对家长常常进行无理的指责，这个行为单独来看是有问题的，但反过来，为什么孩子可以毫无所惧、理所应当地进行指责？而且频率这么高？是不是亲子互动中，家长的表现方式也助长了孩子的行为？

家长要根据孩子的性格特质、年龄阶段，重新建立合适的互动模式。对于性格独立自主、主观意念比较强，又正好处于青春期的孩子，需要给予其更多的"权利边界"，给予信任和成人式的尊重，不要一味地管制孩子，要给他试错的空间。遇到问题时家长可以从旁辅助，而非代他解决，更不是直接把问题的解决方法告诉孩子。明确"权利边界"不仅仅是让孩子能拥有更多自主权，更要让孩子知道哪些是他权利之外的，比如父母的生活习惯、外在的不可控因素等等，不能一味地无原则地满足。家长不要因为孩子的要求去做正常范围之外的事情，以免助长其进一步的骄狂表现。让孩子主动寻求解决方案，发挥孩子充沛的自我能量，无论结果成败，都要让孩子来面对。

4.适当的"冷处理"也是一种有效的处理方法。始终无原则地哄着孩子并不会让其意识到事情的对错，必须有处理上的落差感。如果孩子为了某个无理要求而折腾不休，一开始可以耐心劝导，引导其自我实现；如果状态依旧，那就不要进行回应，任凭他发脾气也不要有任何积极正面的反馈。只有他逐渐放弃这项无理要求后，再解除"冷处理"。随着时间的积累，孩子就会有所意识。

解答要点

家庭是一个系统，孩子出现问题并非单一因素导致，往往会有很多内在和外在原因，需要深入了解后对症解决。包括父母要从自身找原因，要调整自身的情绪状态、行为习惯；要分析整个家庭系统，从中寻找问题的症结。

> **三、我有三个孩子，大女儿16岁，弟弟11岁，妹妹2岁。自从弟弟出生后，大女儿做什么事情都和弟弟争抢、比较，脾气暴躁，打弟弟，近期因与弟弟冲突有割腕行为被制止。但我觉得对每个孩子都没有任何偏心。**

回复

您好！

我十分理解您的处境。为了改善这类情况，家长首先得明白，得到父母的关注是孩子的基本需求，不会因父母有没有时间而改变。如果"大宝"处于求而不得的状态，就会出现各种异常反应。孩子真正在乎的是"自己有没有被平等对待"，而他们的对比对象就是手足兄弟姐妹。在应对孩子间的纷争时，大多数父母会用"大的让小的"这种传统观念去处理，这样其实对"大宝、小宝"都不公平，反而会进一步导致手足关系的疏远。很多父母以为的"公平对待"，大多是主观上的、个人化的想法，且偏向于物质方面，孩子其实更渴望精神上和心理上的公平。父母们的正确做法，应该是努力平衡对孩子们的爱与关注，尽量平均分配给每一个孩子，让他们都能感觉到被爱的安全感。

　　心理学有一个名词叫"同胞竞争",所谓同胞竞争障碍,通常是指在年龄稍小的弟弟妹妹出生之后发生的某种程度的情感紊乱。为了能从父母"有限"的爱和关心之中获得更大的份额,兄弟姐妹之间就形成了一种激烈的竞争关系。孩子们之间总会存在冲突,当"大宝、小宝"发生争执时,父母首先要做的,不是责骂与安抚,而是倾听;最需要做的是信任孩子,尽量少干涉孩子们之间的冲突,最好让他们自己解决。父母若干预,就很容易把自己的评判和比较带入其中。所以,在确保孩子们人身安全的前提下,父母最好不去干预,这样他们往往会自发地甚至更有创造性地解决冲突。哪怕孩子们哭哭啼啼跑过来找你理论,你能做的干预就是:倾听,安抚好他们的情绪。但是最后仍然要引导他们:相信你们自己能处理好。把事情的掌控权交给孩子。

　　父母要尽量避免容易引起"大宝"误解的行为和语言,明确表明同等爱每个孩子的态度。比如:听到别人说"你是捡来的""爸爸妈妈有弟弟妹妹就不会爱你"等话,会影响"大宝"对生二孩的态度,尤其忌讳像"不爱你了""没空管你了"等,虽只是玩笑,但往往会加深孩子的抵触心理。特别是年龄还比较小的孩子,他们很容易把玩笑当真,从而产生被抛弃的感觉。不仅是父母,其他亲戚朋友在与孩子交流时也要注意这一问题。

🔑 解答要点

　　帮助家长认识到"大宝"出现此状况的真实原因是孩子需要的爱

与关注未得到充分满足，影响了安全感。要引导家长从反思、改变自己的态度和行为入手解决问题。

> 四、我与父母交谈时，父母只注重自己的观点，而不注意听我怎么说，也不了解我的真实想法，听不到我的心里话，我失去了与父母沟通的愿望，真烦！想知道有哪些与父母有效沟通的方法。

★ 回复

你好！

你能就此问题进行求助、主动寻求沟通方法，这是一个良好的开端。建议可从以下五方面做起。

1. 换位思考，尝试从父母的角度去理解他们，了解他们的想法。假如希望父母同意你周末晚上可以晚点回家，那么你首先要知道父母最可能关心的问题是什么，比如你是否安全？你去哪儿了？跟谁在一起？在做什么？站在父母的角度，才能更好地理解他们的担心。

2. 诚实和直接地把父母最关心的信息告诉他们。假如父母担心你的安全问题，你可以直接告知他们："如果今晚我要晚点才能回家的话，我会提前告诉你们我去哪儿了，这样你们需要时就可以找到我了。"或者和家长说："我回家前会给你们报平安的，或者告诉你们我大概几点到家，这样你们就不会担心了。"

3. 不要过度抵触父母对问题的看法。你对父母可能有很多不认同的地方，毕竟两代人成长的时代不一样。不过有些话题不妨仔细听听父母的意见，如谈论如何与异性交往、青春期困惑等敏感话题，这些方面对于自我成长来说是很重要的。

4.不要肆意抨击和嘲笑父母的想法或观点。如果希望父母尊重你并理解你的看法，那么，你也要尊重他们的想法。因为尊重是相互的。

5.当和父母有不同意见时，要管理好自己的情绪。切记不要被情绪控制了头脑，应尽量避免在情绪失控状态下与父母谈论问题，要学会告知父母，你现在的心情不好，暂时不想谈论这些事情，让父母给你时间调整情绪，当你准备好了再和父母进行交谈。

🔑 解答要点

一是在回复过程中发现孩子的优点，给予鼓励，提升自信；二是提供具体详细的沟通方法，比如换位思考；尊重父母，不过度抵触；主动沟通；管理自己情绪，理性面对等等，全方位提升与父母的沟通能力。

> **五、我的孩子进入青春期，与父母沟通交流越来越少，有时甚至针锋相对。这让父母感觉心理落差很大，也很焦虑，该如何缓解？**

⭐ 回复

您好！

很理解您的处境。当孩子慢慢长大，曾经和父母亲密无间、无话不谈的乖宝宝，变成了话不投机甚至懒得理家长的小大人，自然家长会很困惑，同时父母受尊重的需求没有满足，会有隐隐的委屈感，心里总是空落落的。

那么我们该如何正确看待这一情况，缓解焦虑呢？首先，从心理层面出发寻找问题原因：

1. 由于年龄、阅历、认识水平和时代背景差异，人们更愿意与同龄人沟通交流，话题更多，理解更容易。

2. 由于孩子身心的成长，青春期自我意识和独立意识的萌芽，相比较儿童阶段，在孩子心中父母的权威性在减弱，这是个体发展的必然，如果孩子凡事都听父母的，怎么能比父母强呢？

了解心理原因之后，在行为层面，建议尝试以下方法：

1. 开放式的沟通。可以和孩子做角色扮演游戏，父母扮演孩子，孩子扮演父母。沟通立场是站在对方的角度，沟通态度是认真倾听对方，沟通目标是提出期待，沟通方式是商量和建议，沟通结果是求同存异，允许不一致。

2. 对孩子多表扬。如果你想改变一个人，又不引起反感或抵触，最好的办法是称赞，称赞孩子每一个微小的进步。比如说，孩子开口时，热情回应，孩子有沟通意愿时，积极互动。人前人后有意无意地夸夸孩子善于沟通等。

3. 身教胜于言传。父母是什么样的人比父母说了什么话更重要。一家人彼此是非常了解的。日常生活中，父母大度宽容，对待孩子亲切疼爱，即使语言交流不多，亲子关系也会是融洽的。

技法再多，总不如心法。建立良好的亲子关系是解决所有亲子问题的基础。对待孩子一是尊重，二是信任，三是无条件的爱，无论世界变化万千，父母依然爱孩子、接纳孩子，家庭是孩子永远的安全港湾。

🔑 解答要点

首先共情，理解家长目前的心境，认识到低落和焦虑都是正常的；其次分析交流少的原因；最后提出针对性解决方法，即父母要主动调整自己与孩子的沟通方式和对待孩子的态度，营造平等信任温暖的家庭氛围。

> 六、我是一名高中男生，觉得跟爸爸很难沟通，父子关系越来越紧张，上周和爸爸大吵了一架，原因是感觉自己在父亲眼里做什么都不行。

⭐ 回复

你好！欢迎致电 12355。

其实，父母也只是普普通通的人，身上也具有各种各样的缺点与不足。他们在当子女的时候也体验过痛苦和埋怨，在为人父母之后也已经尽其所能。

造成你和父亲之间关系紧张的原因是双方缺乏有效沟通，感到彼此回避但又无法割舍，因此争吵成为你们父子之间最直接、最深刻的交流方式。男孩与父亲的亲密关系要经历早期的自我认同、少年期的疏远、青年的敌意和成年的回归等几个阶段。在男孩的成长周期中，父亲在心中的位置是不停变化的。青春期前期的男孩，在压抑的内心里父亲往往是假想的"敌人",得到母亲更多的关注几乎是这两个男人共同的期待,由此就会激发相互间的不满和争吵。对父亲来说,由于角色重叠,许多父亲在意识上会鼓励孩子男性化,但在无意识的行为中,又对男孩的男性象征,如好冲动、与人打架、无所顾忌的冒险行为等大加指责和批判。随着男孩长大,父亲在家庭中的权威性受到挑战,几乎所有遭受压抑的青年人,内心都塞满了对父亲的叛离狂想,下意识地要与父亲的追求南辕北辙,逆反和叛离是男性成长的必经之路。

建议你勇敢地寻找和父亲独处的机会,带着真诚和理解的态度,主动和父亲面对面交流,可以关心父亲的工作和生活状况,也可以讲述你遇到的困难,与父亲探讨协商,以此拉近彼此的心理距离。父爱往往来得更深沉、更理性,等待是父亲与男孩关系中的核心。男孩对父亲情感的回归与认同,一定经过了理性的考量,充满内心的涤净和复活之感。

体谅父母是自己走向成熟和心理独立的必经之路,学会换位思考是从根本上解决问题的良药,在此基础上进行真诚的沟通。相信沟通、理解和包容,必能化解你们父子间的当下危机。

解答要点

一是让来访者认识到与父亲关系紧张是青春期成长过程中的常见现象,认识到其背后的原因;二是告知来访者解决办法,主动打破与父亲关系的僵局;三是鼓励来访者向前一步,勇敢迈出成长的步伐。

七、女儿小学二年级，有时和父母交流，一生气就跑进房间，关起门来。和孩子温和沟通不管用，我们有时会大声吼甚至动手。我们也知道这样不好，但有什么好办法吗？

★ 回复

您好！

您的孩子可能是一个在亲子关系上比较敏感的孩子，她在日常生活中可能会比较在意父母对她的态度和看法，需要来自父母更多一些具体的鼓励和肯定。

在您孩子的这个年龄段，待人处事的认知行为模式还处在建立的过程中，父母的言传身教很重要，大人们对孩子起着榜样的作用，这种作用可能是积极的，也可能是负面的。因此，并不建议父母在发现温和的交流方式不管用的时候，就采取大吼或者动手的方式。一方面，这样做是破坏亲子关系，可能给孩子造成一定的心理阴影；另一方面，孩子可能会从中习得"当自己说的话对方不听的时候，我就可以大吼和动手"的认知。这都不利于孩子的成长。

关于如何更好地跟孩子沟通，这里简单给您一些建议：

1. 使用"我-信息"

当父母与孩子发生冲突，父母感到生气、沮丧或者是被孩子的行为激怒时，就可以使用"我-信息"来与自己的孩子进行建设性的沟通，而非唠叨、喊叫或批评。"我-信息"包括三个部分：

一是父母对自己感受的清晰阐述；二是对导致父母产生这种感受的行为的清晰阐述；三是对父母不喜欢这种行为的原因的清晰阐述。

需要注意的是，"我–信息"的使用要遵循平等位置、尊重、委婉、不攻击或不带有批评性的评价。

2. 积极倾听

每当孩子带着情绪和父母沟通的时候，实际上他最希望的是有人听他讲话，能够理解他的情绪，陪伴他释放情绪，理清思路。积极倾听的关键是父母要与孩子共情，能够从孩子的话语中听到他们的情绪。积极倾听还能提高孩子情绪管理能力，让孩子平静下来，在情绪平复之后他们会开始自己寻找解决问题的办法，也会感受到父母对自己的接纳、关爱与尊重。

3. 情绪管理

在这一点上，父母们可以在日常生活中，在孩子相对平静并且时机合适的时候引导和教育孩子习得这项能力。或者通过童话故事书中主人公是如何管理情绪的故事，利用榜样的作用引导孩子向书中的人物学习。

以上三点仅仅是和孩子沟通方法中的一小部分，仅供您参考。和谐的亲子关系需要父母与孩子共同努力，共同维护，也希望您和孩子共同成长。

解答要点

一是共情理解，分析孩子的问题与敏感、在意父母看法有关；二是分析不应"暴力"管教的原因；三是提供具体的解决方法，使用"我–信息"来与自己的孩子进行建设性的沟通，积极倾听，帮助孩子学会情绪管理。最后希望家长与孩子共同成长，以此促进亲子关系的和谐发展。

八、12355服务台的老师您好，孩子天天玩手机游戏，请问如何正确管理孩子对电子产品的使用？

★ 回复

您好！

电子产品的使用已经成为孩子成长过程中不可忽视的问题。管理过于宽松，则孩子因自控力差而沉迷；管理过于严格，则容易引起和孩子之间的矛盾。那么家长该如何管理孩子对电子产品的使用？给您提出如下建议：

1. 不要让年龄太小的孩子过早、过多接触电子产品

一些父母在照看学龄前和低年级的孩子时，为了省事，让电视、手机代替自己"看孩子"。这样省一时之力，却"后患无穷"。虽然现在孩子使用电子产品不可避免，但在其成长早期应尽量避免过早、过多接触电子设备。

2. 家长要以身作则

如果家长一方面禁止孩子玩手机，一方面自己又抱着手机玩得不亦乐乎，管理效果就会大打折扣，甚至会导致孩子出现一些反抗的行为。"双重标准"下的制度最终无法执行。所以建议家长自身不沉溺于手机、电视，以身作则，才能更好地教育孩子。

3. 尊重孩子合理的休息需求

在一些家长眼里，孩子只要不在学习，便是"浪费时间"。这些家长忽视了休息是人的基本需求。如果不尊重孩子的需求，张口闭口都

是学习，很容易招致孩子的叛逆。即便是在使用电子设备上对孩子有所限制，也要允许孩子通过其他一些方式进行身心放松，做到劳逸结合，才能给予孩子更长久的学习动力。

4. 家长要充分利用电子产品的积极因素

"大禹治水，堵不如疏"。与其将电子产品看作洪水猛兽穷追猛打，不如多想想如何充分利用其积极的一面。比如，如何在网络上找到有趣又有内涵的文化资源、利用电子产品丰富共同参与的家庭娱乐等。

5. 家长要做好自身的情绪管理

很多家长在管理孩子玩手机、打游戏过程中常常怒气冲冲。这样的管理无疑会给孩子造成巨大的情绪负担，长此以往家长的脾气也会越来越差，双方的矛盾会逐渐变得不可调和。管得严格不一定要靠"吼"或者"吓"，"不带敌意的坚决"、"温柔而坚定"的教练式管理是很多家长可以尝试学习的方式之一。

6. 与孩子商定管理计划，避免"一刀切"

电子产品的使用应当避免家长的单方面管理，最好让孩子参与进来，共同制订科学合理的使用计划，由家长监督和孩子自我监督共同执行，设置对应的奖惩措施，并根据现实情况进行阶段性的计划调整。

解答要点

从家长和孩子两个方面寻找合理使用电子产品的方法，强调家长以身作则，共同制订使用规划等，在亲子有效互动中促进双方的成长，同时培养孩子的规则意识和自控能力。

> 九、我的孩子中考失利没有进入理想的高中。进入现在的高中后虽然成绩很好，名列前茅，但始终不喜欢现在的学校，瞧不起老师同学，也看不起普通劳动者，扬言考上大学后再也不会跟他们联系。我总是担心孩子情商低，怕未来难以适应社会。我上网查了查有关这方面的资料，答案也不是很满意。12355服务台能否给我一些建议？

⭐ 回复

您好！

作为孩子的家长，为了解决孩子问题能上网查阅资料，不断学习和寻求帮助，非常值得肯定。高中是孩子成长的重要阶段，对于孩子目前的问题，提出几点建议供您参考：

1. 家长先做好自己。一是家长在孩子面前说话要注意角度，不要总提到学校的高低之分，不要把这样的想法流露出来。多些正能量的角度看问题；二是调整自己每次面对孩子时的情绪，正确看待孩子每个阶段的一些问题，减少贴标签，不要把对未来的顾虑担心都变成当下的焦虑。减少讲道理的次数和时间，多听听孩子的感受和感受背后真正的需要，不要总是以"你该……"句式对话。以身作则和引导都要有一个过程，不要想着一次两次孩子就能完全改观。

2. 调整孩子的认知要有一个过程。既然无法换学校，就接受这个学校和环境。万事皆有利弊，为了自己的目标继续努力就好。引导孩子看到同学们并不是一无是处，虽然整体成绩或排名没有他好，但某一科或者某个知识点也会学得不错。看到每个人身上都有优点和长处的时候，自己也会在这个环境感到舒服。

3.家长可以通过讲述名人案例或者其他人的事迹，引导孩子思考，除了学业优秀，自己在其他方面想要成为什么样的人，树立正确的价值观。孩子的成长过程中，受到一点挫折也并不一定全是坏事。遇到问题，家长跟孩子通过积极的正向的交流，多和孩子一起变换角度，看待今后的人生规划和职业发展。引导孩子认识到各行各业都有非常优秀的人，也是各行各业人们的付出让我们的生活变得更加美好。我们可以努力实现自己的目标，同时也要理解和尊重不同的生活方式。

解答要点

首先肯定孩子家长为孩子的成长付出的努力；其次是调整家长与孩子的沟通方式，帮助家长建立正确的家庭指导方式；三是通过家长的指导，改变孩子的错误认知，培养孩子正确的价值观念。

十、我儿子初二，不爱学习，成绩差，天天就想着打手机游戏。我和他爸以前管他还好用，可现在说什么也不听，逼急了就说不去上学了。我们希望孩子健康快乐，希望他成才，可现在我们该怎么办呀？

★ 回复

您好！

您提出的问题很具有代表性，首要解决的不是孩子的问题，而是家庭教育的问题。

首先，家长们需要认识到一个青少年成长中的规律性问题，那就是男孩子到了初二是"逆反"的高峰期。逆反的对象主要是父母，他们要获得独立自主，不愿意被父母管教，更不愿意听父母"啰嗦"。他们内心是矛盾冲突的，情绪也是不稳定的。从您的提问中可以分析出孩子在成长过程中存在父母管教比较宽松甚至溺爱的问题。这样的教育方式在孩子小的时候还好用，当他们身体强壮了、意识增强了之后，尤其是在逆反期，不顺心意时便采取对立和对抗的方式，甚至引发冲突，所以建立良好的亲子关系是第一步。

其次，家长通常意识不到教育目的与教育行为的矛盾性问题。我们曾经问过很多家长，希望培养一个什么样的孩子？绝大多数的家长和您一样，都是满心希望孩子"快乐"，可是却逼着孩子去"痛苦"，不让孩子"快乐"。孩子不爱学习、成绩差，学习对他来说缺少成就感，显然没有"快乐"可言，而父母要这个孩子去努力学习，不让孩子玩能带来"快乐"的手机游戏。这种不一致的教育目的和行为，导致的就是孩子的混乱："你们到底想让我成为一个什么人？"所以需要家长统一自己的教育目的和教育行为。一方面宠爱放纵，缺少意志品质的培养，缺少陪伴和了解，另一方面又想在初中学业压力较大的时期，让孩子勇往直前，刻苦学习，显然是做不到的。

第三，作为家长要想一想，孩子不爱学习，学习成绩差，这两者之间有无因果关系。如果是因为学习成绩差而不爱学习，那么就需要在学习成效上做文章。若不是智力问题影响成绩，或许存在注意力集中困难、学习效率低、学习方法不当等因素。不能只是一味批评教育，还需要考虑他对学习的认识、自己的理想追求、他的情绪状态、人际关系等心理问题。

建议您阅读一些针对初二学生的家庭教育的书籍，了解孩子成长的心理规律，更好地陪伴孩子成长。

解答要点

一是结合孩子的性格特点、成长环境、学习习惯等深入分析原因，并在尊重孩子成长规律和个性特点的基础上进行循序渐进的引导和改变；二是要从家长自身找原因，反思自己的家庭环境、教育方法、日常表现等。

十一、如果我的孩子在校园被欺凌，作为家长应该怎么做？

★ 回复

您好！

如果孩子在校园被欺凌，家长需要进行及时干预，将伤害降到最低。下面几条建议供您参考：

1. 将发生冲突的学生暂时分开隔离，防止进一步的冲突和欺凌发生。除了及时进行身体方面的治疗，更要重视心理和情感急救，不能急于改变或回避孩子表现出的恐惧、焦虑、紧张等感受，要耐心倾听和接受孩子遭遇创伤后的这些反应，然后再跟孩子一起面对善后事宜。

2. 家长不分青红皂白地直接介入，用成年人的方式替自家孩子"出气"，这是一种最不利于解决孩子问题的方法，反而会导致问题扩大化，同时也会让孩子在解决与同伴们之间的冲突时更加手足无措。鼓励孩子回击报复是家长不负责任的表现，报复行为会让孩子再一次体验欺凌，加深心理创伤。我们的目标不是报复欺凌者，而是防止欺凌事件再次发生。

3. 在得知孩子被欺负后，很多家长在心疼孩子之余，经常是"怒其不争"。这其实是一个非常错误的情绪反应，会导致孩子不敢再跟家长倾诉而选择压抑自己，因为孩子都不希望让父母看到自己"不争气"的样子。

4. 给予孩子充分的安全感，让孩子知道家庭是他的安全港湾，要充分了解当时的情况，如果问题不是很严重，尽量鼓励孩子之间自己解决矛盾冲突；如果问题很严重，建议家长及时向学校反映情况，寻求学校的支持与帮助；如果问题极其严重，可向警方报案，保护孩子免受再次伤害。

解答要点

提出应对校园欺凌的一般性原则，点出一些家长的错误做法，让家长认识到理性应对的重要性，否则会误导孩子甚至二次伤害，最后提供家长具体的应对方法。

十二、我的孩子一年级了，今年新冠疫情期间学校试用网络教学，网课过程中孩子如果不好好上课，我会忍不住发脾气吼叫，事后感到很后悔。真不知道疫情何时能够结束，很多事操心又没办法解决，感到烦躁。该怎么办？

★ 回复

您好！

此次抗击新冠肺炎疫情和防控隔离，给人们的生活、工作和学习带来了很大的改变，很多人会产生不适和失控的感受，容易产生焦虑、怀疑、紧张的情绪，容易激动。这其实是人类应对外界刺激的一种能力，提醒我们此时关照好自己至关重要。作为孩子的父母，不仅要关照孩子的安全和起居，而且要管理和辅助孩子的学业，难免让人感到压力倍增，对自己的情绪无法控制。在情绪失控之后，你感到非常的懊悔，到这里来咨询，表明你已经敏感意识到情绪失控的不利影响并且积极求助，这是一种非常积极的态度。建议当你感到有情绪来临时，采用"一停二看三通过"的方法，先处理心情再处理事情。一停，能够允许自己暂停正在进行的事情，让自己的情绪稳定下来；二看，做一些静心训练，去内观、思考自己的期待和渴望，也许可以帮助你自己获得一些新的角度和看法；三通过，就是列出一个可行的计划。

恰当地应对压力和不确定感是每一个人成长过程中必须具备的能力，对于孩子的学业而言，这样的能力同样重要。作为孩子的教养者，我们应对压力和不确定感的态度是孩子的榜样。我相信当你认真地投入练习，会有自己的一份体验和成长。有需要时，欢迎再次来电讨论，12355心理热线，会陪伴在你的左右！

解答要点

这是12355服务台在新冠肺炎疫情防控期间受理的一个案例，也是疫情防控期间家长经常提出的问题。面对宅家期间的孩子，家长在学习辅导、亲子关系、生活压力等方面往往感到无助，进而产生焦虑、烦躁等心理。本案例中，咨询师首先对来访者予以共情，积极肯定来访者的求助行为；其次，为来访者提供缓解压力的方法；最后，对来访者给予鼓励和期待。

专题三 身心健康

一、新冠肺炎疫情期间，我的爸爸为了响应社会号召，取消了回家过年的计划，留在了武汉，而我也住在被封城的武汉周边城市。最近一直关注疫情消息，每天都难过沮丧想哭，看到确诊人数越来越多，一方面感到自己的无力渺小，另一方面为自己和家人还有医护人员、一线工作人员担心。每天都十分难过焦虑，无法专心学习，对任何事情都提不起兴趣，吃饭也没有胃口，晚上在被窝里也会偷偷地哭……

★ 回复

您好！

首先感谢你的爸爸响应国家号召，留在武汉，正是靠着大家的万众一心，才能控制疫情蔓延。你现在跟除了爸爸以外的家人在一起吗？是否能跟身在武汉的爸爸通过网络或电话联系上？你说你现在很沮丧，感到自己无力渺小，担心自己和医务人员，每天都十分焦虑，对事情丧失兴趣，没胃口，哭泣。别慌！这些都是正常的心理和生理反应。

面对如此规模的、有一定危险性的公共事件，出现上述情绪和生理上的反应是非常正常的。我注意到你说你无法专心学习，很难转移注意力，虽然还没有做到，但是，我看到你知道往什么方向努力，你的理性部分还在工作、还在支持着你。只是确实你们身在疫区，并且与留在疫情最严重的武汉的父亲分离，还要担心着父亲，好像焦虑被成倍放大了。这是现实的部分，有很多的困难。同时我们更要看到正面积极的部分，党和国家正在举全国之力驰援武汉和周边地区，专门医院也在拔地而起。医疗资源也在逐步向着良好稳定的方向运行，虽然确诊数字在不断增加，医务人员也在与病毒的鏖战中快速地了解它，并更好地应对。形势正不断变得更加可控。支持你继续在家中自我隔离保护，可以尝试一下多与爸爸、其他亲朋好友通过网络聊聊天，相互倾诉自己的焦虑、恐惧。交流可以帮助我们宣泄情绪，相互支持。你也可以继续在平台上给我们留言，或者拨打12355热线，有心理咨询专家倾听并帮助你。祝你和你的父亲、家人身体健康，祝我们早日战胜疫情，迎来春天！

🔑 解答要点

这是疫情最严重期间居住在武汉地区的一名学生的留言，可以体会到来访者当时的焦虑、恐惧、无助等心理状态，该状态甚至影响到来访者的饮食起居。咨询师首先给予来访者共情，提供心理支持，积极肯定来访者心态中的积极因素；其次，为来访者提供正向信息，以积极心态看待疫情的发展，提升来访者的信心；最后，为来访者提供缓解压力的方法，以美好祝愿结束本次咨询。

二、孩子沉迷手机、电脑、网络，无法自拔，如给他们断掉，则会表现出烦躁、摔打、厌学甚至自杀。如何处理这种情况？

★ 回复

您好！

孩子沉迷手机、电脑，使得越来越多的家长担忧万分。家长们会担心孩子玩手机、电脑耽误学习，担心影响孩子的视力，担心网络的不良信息等。这些担忧是合理的，但是如果家长处理不当，只靠单纯的管控来处理问题，很可能会带来更多负面的影响，使亲子关系越来越紧张。

那么，作为家长要怎样做呢？

1. 需要家长了解孩子用手机做些什么。家长可以在孩子使用手机时心平气和地、关心地向孩子询问或观察孩子在用手机做什么。比如，完成电子作业、看新闻、看综艺节目、刷短视频、刷微博、玩游戏、与朋友聊天、浏览网页等。这样，会帮助家长在一定程度上理解孩子，为与孩子沟通作铺垫。

2. 与孩子进行共情式的沟通。沟通的最终目的是理解孩子沉迷手机这一行为，了解其原因，表达关爱、表达想与孩子一起解决问题的态度，而不是为了说服孩子、批评孩子。

3. 引导孩子合理使用手机、电脑。家长和孩子可以共同探讨手机的功能及利弊，并共同建立合理的规划，如规定哪些情况可以使用手机，哪些情况不可以使用手机，学习累了可以玩一会儿游戏，吃饭时不使用手机，不能用手机代替体育运动作为休闲方式等。

4. 确立成长计划。家长要因材施教、因势利导，培养孩子从小养成良好的学习习惯，同孩子交流对未来学习及生活的规划，一起上网查找资料了解一下目标学校及专业的情况，一起制订有时间性的、可衡量的、能达到的学习目标，激发孩子的学习动力。

5. 改变家庭氛围、丰富孩子的生活。反思一下全家是否一到空闲时间，就开始集体玩手机，集体活动少。如果存在这种情况，需要全家人都行动起来，放下手机，用阅读、做游戏、体育活动、聊天、与家庭好友聚会、外出参观游玩等形式代替手机。

6. 制定合约、实施奖惩制度。比如，玩游戏超过三十分钟就要背十个英语单词，睡觉前玩手机就要负责刷碗，刷短视频超过十五分钟就要写一篇日记。当然，如果孩子遵守了合约，家长就要兑现承诺给予奖励。比如，孩子做到了每天做完作业才玩手机、玩游戏的时间控制在规定时间内等，家长就要兑现奖励。

总而言之，家长要认识到手机、电脑是这个时代的产物，采用极端的、单一的方式将孩子与手机隔离开，会激化矛盾，带来负面影响。家长要多陪伴、多理解、多在现实生活中为孩子建立手机的替代品。

以上建议供您参考，谢谢您的来电！

解答要点

引导家长对手机、电脑、网络有正确的认知，根据孩子的特点了解沉迷手机的原因，认识到导致孩子行为问题的并不是手机这个介质，引导家长运用共情的方法与孩子进行沟通，并提供具体的指导，采用有效的方法引导孩子合理使用手机、电脑。

三、我是一个敏感、脆弱的青年，非常在意他人的看法和态度，不善人际交往，十分焦虑。

★ 回复

你好！欢迎在12355网络平台留言。

敏感、脆弱的状态在我们每个人身上都或多或少地存在。敏感的负面影响可能导致我们过于在意他人的看法和态度，但敏感也会使人对世界的感知能力更强，发现细微之处的能力比一般人要高很多，世界上许多成功的艺术家和创造者都有一颗非常敏感的心。同样，脆弱的负面影响使我们面对挫折时容易被打倒，显得不够坚强；但脆弱同时也是对我们生命的一种保护，使我们在痛阈值较低时就会向外界求助，寻找支持力量。

认识这相反的两个方面，有助于我们接受自己身上存在的所有状态或品质的完整性，不会在对抗这些状态上面投放过多的精力，而是把我们的注意力放在怎样使自己的状态或品质得到更有效的利用和更好的发挥上。

我们一方面可以发展自己因敏感而来的在写作或其他一些方面的能力，一方面因认识了敏感的副作用而有意识地调节自己在人际关系上的过度敏感。同样，基于成熟人格下适度的人际关系敏感可以帮助我们更准确地感受到他人细微的情绪变化，使我们可以更好地走进他人内心，使他人感受到深刻的理解和关心。

社会交往中，我们大多数人都会一定程度上在意他人的看法和态度，这使我们的人际交往有"节"、有"界"和有"度"。但程度过度时，则会对自己造成一定困扰。过度在意他人看法的主要原因是我们对自己的完美或苛刻要求，换句话说，我们不是在意他人对自己的看法，而是无法容忍自己不够好的部分被他人看见。在这方面需要改善和练习对自我的接纳，不断提高对自己的喜爱和接纳程度，人际关系过度敏感就会慢慢消退，回到一个平衡的状态。通过认知方面的调整和改变，焦虑、抑郁和压抑等情绪自然会有所缓解，甚至消失。同样，当我们不再从他人的看法和态度中感到不自在或受伤害时，我们的人际交往也会更加自然。

最后，你可以尝试以下做法：

1. 不要过度解读别人的表情、语言。通常情况下别人的一句话、一个眼神、一个表情、一个动作也许并没有太多弦外之音。

2. 不要小题大做。如果别人的言行让自己感到不舒服了，试问一下：事情真的很严重吗？他确实是针对我的吗？他对我的看法和态度真的就能决定我的"好"与"坏"吗？

3. 试着接纳别人的批评与建议。如果别人的一些批评和建议对自己有益，我们可以欣然接受。自我接纳是我们对自身现有状态认识的一种积极的态度。

最后，建议你还可以多参加一些公益活动、兴趣小组、体育锻炼，多读一些喜欢的书籍。这些活动有助于防止"心理过敏"的状况发生。世界很大，更多地融入社会，融入集体，融入千姿百态的生活，心情会像阳光一样灿烂的。

解答要点

一是引导求助者调整自我认知，使其多角度看待问题，认识到敏感与脆弱有益的一面，增进自信与自我接纳，缓和焦虑情绪；二是提供具体的解决方法，调整心态，充实自己，缓解"心理过敏"状况。

> 四、孩子是小学生，上课注意力不集中，成绩下降快。经确诊是注意力缺陷障碍。可我不愿意给孩子服药，担心有副作用，会影响智力。这种担忧是否有道理？

回复

您好！

这种担忧是完全可以理解的。但是担心服药会影响孩子的智力，说明您对该病及其治疗的了解，还存在一定的误区。

注意力缺陷多动障碍症简称ADHD，也就是我们平时常说的多动症。ADHD常常还伴随着其他障碍，比如学习障碍、阅读障碍、品行障碍、心境障碍，以及可能存在的其他发育相关问题。因此，ADHD儿童经常会出现各种不同的行为问题和技能缺陷，包括遵守规则的能力差、无法集中注意力、无法识别自身和他人情绪、较难控制自己的情绪、缺乏对自我的认识能力、行为的自我控制较差、执行功能的缺陷、社交能力的障碍。这些问题会对患儿的社会功能造成严重的影响，导致学习困难、人际关系紧张、低自尊等。而家长面对孩子的这些问题，往往手足无措，经常以孩子调皮捣蛋、没有责任心、不控制自己的行为、懒惰等来批评孩子。而真实的情况是，ADHD 是一种慢性神经和精神发育障碍疾病，患儿无法控制自己神经递质的释放，与智力水平低、淘气和懒惰等无关。因此，如果不积极治疗，任由这些症状发展，只会导致 ADHD 儿童的相关执行功能受损，并带来对孩子的负面评价，孩子会更没自信，甚至自暴自弃，进入一种恶性循环的状态。

ADHD 的治疗是一个长期的过程，治疗方法主要包括药物治疗、行为干预及亲职教育等。我们可以把 ADHD 看作是人体内环境失调造成的，药物在治疗过程中起到的作用是维持平衡，并在成长发育的过程中让人体内环境慢慢调整到正常水平。目前我国治疗多动症的一线药物主要有哌甲酯和他莫昔芬。药物的副作用主要包括抑制食欲、睡眠问题、烦躁等，但是专家认为药物的好处是远远超过副作用的。

如果孩子已确诊为 ADHD，父母应该接纳孩子的现状，让自己和孩子站在同一战线上，共同面对 ADHD，与它抗争。ADHD 的治疗是一项需要长期统筹的任务，需要集结医院、家庭、学校的力量共同努力，其中家长的积极配合，是治疗得以顺利进行最基本的条件。医学科学技术发展至今，药物治疗仍然是有效且最重要的治疗手段之一。如果孩子已经表现出成绩下降快等特征，父母应该正视这一疾病导致的结果，不是孩子不想学，而是孩子身体处于一种学不进的状态。就像近视需要戴眼镜一样，ADHD 儿童需要通过服药帮助他们恢复功能。

面对 ADHD 儿童，去专科医院评估诊断，并遵医嘱治疗，是对孩子最负责的做法。即使孩子在症状缓解后,也需要在医生的指导下逐步停药。当然,在ADHD儿童服药的同时,进行行为治疗,也是帮助孩子建立良好的行为规范,逐步恢复社交、学习功能的重要辅助方法。

希望以上观点和建议能够对您有所帮助!

解答要点

找到家长担忧的核心,即服药是否影响智力。通过让家长正确认识ADHD疾病,从专业角度否定服药影响智力的判断,从而消解家长的担忧情绪,并引导家长积极参与孩子的治疗过程。

> 五、我是初一女生,原以为自己比较优秀,没想到,上初中后发现比我优秀的同学比比皆是,我突然有点自卑了,特别是对比自己漂亮的同学产生了深深的嫉妒。我该怎么办?

★ 回复

你好!

听到你的问题,让我不由得回想起刚进初中的自己,每个女生都有着属于自己的公主梦,这是一种自信的表现,也是一种非常正常的心理现象。进入到初一,进入到青春期,我们的身体和心理都会发生很大的变化,这些变化,能够让自己明确"我是谁"。

我知道,当你进入初中时,会不自觉地跟自己小学的状态进行对比,现在你所经历的心理落差也是由于这种对比而产生的。对比是一把双刃剑,除了让人产生心理落差,也可以帮助我们找到差距,获得进步的空间。

那么,你可以做点什么,让心理恢复平衡状态呢?对一个人的评价往往有不同标准,有的是从外形,有的是从谈吐,有的是从知识,有的是从性格。你可以将这种"嫉妒"转化为努力的动力,不要在情绪上纠结,而是要在行动上努力。作为一名学生,我认为可以在以下几个方面努力。

1. 你可以通过适合自己的方法来实现成绩的提高。我们都知道,千里之行,始于足下,想要收获到更好的成绩,就要踏实地掌握好知识点,养成良好的学习习惯,建立合理的学习计划。具体来说,就是预习加复习、合理分配学习时间等等。

2. 可以结识一些好朋友,营造温暖、有支持性的人际关系,你的感受就会舒服很多。

3. 经常作积极的自我暗示,告诉自己"也许我并不完美,但我通过努力会变得越来越好"。这能让你保持自信,也是让你心态上得到平衡的一种好方法。

对于"漂亮"的评价,是没有统一标准的,就像选美比赛中,由于欣赏角度的不同,没人能够断言谁就是最漂亮的。那么,在这里给你最好的建议,就是做那个独特的自己,抓住自己的闪光点,好好地发挥出来。比如说,你的特点是文静、可爱、活泼、阳光,还是其他什么呢?请将你的特点在合适的场合表现出来,相信你能够得到大家的肯定,也可以交到一些知心朋友。要做一个快乐、自信的女孩,不要被别人的评价干扰。

解答要点

一是共情，给予理解，指出这是正常现象，缓解焦虑情绪；二是提供具体的"心理平衡"方法，引导积极看待问题，将压力转化为动力，发掘自我闪光点，做独特的自己。

> **六、我总是爱生气，在家里朝爸妈发脾气，学校里朝同学发火，同学开始疏远我。我也不想这样，这可怎么办呀？**

回复

你好！

"喜、怒、哀、惧"是我们人类的四种基本情绪，其中"怒"就是指生气、气愤。生气、愤怒是人对危险的一种自然反应，是用来保护自己的。有些时候，愤怒确实可以让我们尝到甜头。比如，让身边的人听从自己的指挥。但是经常生气、气愤对我们的身体健康、人际交往都会产生负面影响，自己痛苦，伤害他人。

那么，我们要如何解决呢？

首先，接纳情绪，寻找原因。情绪是没有对错的，它是我们的一部分，所以我们要先接纳自己有这些情绪。接下来理清思维：到底是什么原因点燃了我们心里的怒火？是什么让自己感到不满意了？有什么需求没有被满足吗？是希望在一些事情上父母、同学支持自己、理解自己？还是希望他们都听自己的意见、让对方望而生畏？一旦我们意识到导致自己生气的原因，才能更好地管理自己的情绪。

第二，合理地表达自己的感受。虽然情绪是没有对错的，但是行为是有对错的。我们是可以表达情绪的,但是如果表达情绪的方式伤害到了他人,那么此种行为就是不可取的。我们要用"表达自身情绪感受"代替"指责、埋怨与攻击"。比如,使用"我很生气,因为……""我希望能这样,因为……""我需要你……这样可以……"等语言,清楚直接地陈述自己的想法和感受。此外,我们还可以进行自我对话,每天坚持写一段话,记录自己的真实感受。

第三,进行自我暗示,给自己思考的时间。当我们察觉自己到了生气、愤怒的边缘时,提醒自己保持一定的理性,进行自我暗示、自我思考,对自己说:先不要生气,生气会伤身体、会破坏关系;对父母、同学发脾气就能解决问题吗?我内心希望父母、同学做什么?我要如何有效地表达想法和感受?如果我现在发脾气的话,会是什么结果?

第四,不以自我为中心,培养同理心。同理心,简而言之就是一个人感同身受的能力。我们要知道自己的行为会给别人带来什么样的感受,要知道如何理解和尊重他人,才能做出合理的行为。比如,如果自己无缘无故地对父母、同学发脾气,对方会是什么感受?如果他人对我发脾气,我是什么感受?

第五,找到适合自己的缓解负面情绪的方法。比如,与好朋友聊天、大快朵颐地吃一顿、酣畅淋漓地运动一下、看一场电影、唱一唱歌……当生气、愤怒来袭时,我们可以找到比"发脾气"更有效的处理办法。

学习管理负面情绪,对我们每个人都是一种挑战,在这个过程中需要我们的耐心。相信你是一个有耐心且能够向自我发起挑战的人。

解答要点

一是引导正确认识愤怒情绪;二是分析愤怒的原因,并提供具体的缓解方法;三是学会接纳情绪,合理表达情绪,积极的自我暗示,培养同理心,寻找合适的情绪宣泄方法。

> 七、为了女儿,我从孩子入学开始,就辞去了原先的工作,成为一名全职妈妈。时间一长,我发现自己每天的生活都围绕着孩子和家务,夫妻之间交流的话题也仅限于女儿的生活和学习,长期处于焦虑状态,感觉逐渐与社会脱节,有一种失去自我的感觉。我要如何调整自己呢?

★ 回复

您好!

感谢致电 12355 青少年服务台。为了照顾孩子的学习和生活成为一名全职妈妈,这种对孩子和家庭的奉献与付出非常令人钦佩。但是随着环境和生活内容的改变,个人的心理和情绪都会产生一些变化。关于全职妈妈如何调整心态、适应环境,给您提几条建议,供您参考:

1. 要非常自信。全职妈妈没有收入了,和丈夫经济上的关系改变了,但你和丈夫依然是平等的。在做全职妈妈之前,夫妻两个人一定要把这个问题协商清楚,全职妈妈虽然没有收入,却在完成一份对家庭有意义的工作,是你的付出让这个家庭很好地运转起来,让孩子得到最好的呵护。你也是非常辛苦的,你的工作是值得尊重的。

2. 要学会在家庭中建立一个良好的生态环境。你在家里不是单纯的照顾孩子，而是家庭精神生活的提供者。要让家庭、孩子有良好的精神世界，要学会情绪交流、思想交流。这样才有利于孩子的心理健康。

3.要有自己的爱好和精神世界。可以学习一些家务技能，比如，烹饪、钩织、茶道、插花、绘画等等。这些技能和知识既能让孩子受益，也能帮助你从精神层面稳固自己的家庭。不要小看了精神层面的生活，这对全职妈妈也是一个气质培养的过程，做全职妈妈是你展现自己多姿多彩生活的开始。

4.要做个聪明的妈妈，懂得怎样让自己和家人在一起更轻松、更开心，懂得怎样更好地教育孩子。要学会关心人、理解人。可能你在家一天很累了，但也许你的丈夫今天的工作也很不顺心，没有心情听你的诉苦和抱怨，所以你要有理解别人的胸怀。

5.要从容面对未来的择业。这是一个快速变化的社会，在孩子渐渐长大、你要重新走向社会的时候，不要给自己定过高的目标。你想想这段时间你耕耘的是自己的家庭，你的收获在于你孩子的健康成长、你先生事业的不断进步。而你要有重新学习、重新历练自己的态度，要长远地规划自己。

6.要具有交朋友的能力。全职妈妈不是把自己关在家里的妈妈，你仍然是社会的一分子，在自己交朋友的同时也是在教你的孩子如何交朋友。让自己丰富多彩的人际圈，成为孩子学习的榜样。要增加与社会的接触面，通过参加一些活动结识志同道合的新朋友，心里的想法感受也就有了倾吐的对象。

不知这些建议对您是否有所帮助。最后祝您家庭美满，生活幸福！

解答要点

帮助全职妈妈找到自我价值，不能因此而放弃自己的生活，要寻找属于自己的生活乐趣，为自己的生活找准定位，让自己成为一个自信、快乐的全职妈妈。

> 八、您好！我是一名老师，班级里有一名学生整天郁郁寡欢，不爱与人交往，成绩下降得厉害，我怀疑是抑郁症状。能否介绍一下青少年抑郁的常见原因有哪些？

回复

您好！

青少年抑郁症的表现多种多样，但都有情绪低落、注意力不集中、学习效率低下、有自责自杀的想法等等。抑郁和抑郁症的原因一般来讲比较多元，包括个性因素、遗传因素、心理创伤、家庭教育环境、挫折和现实压力等。但根据经验来看，很多青少年抑郁情绪和抑郁症的出现是学习压力、家庭教育矛盾、青春期三类因素共同累积的结果。其中家庭教育矛盾往往以潜在的形式长期存在，在青春期爆发。抑郁情绪的出现程度与三类因素的累积程度关系密切。

另外，消极的自我暗示和对号入座现象对青少年抑郁的形成和发展影响巨大。很多青少年在感觉自己可能存在抑郁症的情况时会选择上网查询，或在网上通过量表自行测试，往往出现对号入座的现象。心理测试应该在专业心理工作者的指导下谨慎使用，否则无法保证测试结果的有效性。

同时，一些青少年的抑郁情绪来源于人际交往。包括人际交往中遇到挫折，早恋、失恋带来的困扰，在人际关系中被孤立、长时间的孤独感和无意义感等。积极健康的人际关系是青少年心理健康的重要表现之一。这就提醒我们，不要总是把注意力放在青少年的学习方面，人际关系健康也是重要的成长议题之一。

如果您感觉班里的学生可能存在抑郁情况，建议及时和家长取得联系，了解学生近期的具体生活情况，同时咨询心理专业人士，听取他们的建议，必要时可到心理医院进行诊治。

🔑 解答要点

多角度分析青少年产生抑郁的原因，帮助学校老师正确认识抑郁，积极预防抑郁情绪产生的心理危害，同时对学校老师下一步的工作提出建议。

专题四 其他类型

一、就业创业

> 1. 我是一名 95 后毕业生，暂时不愿意就业，没有好的就业渠道，就业薪资福利不满意，但是不就业感觉很难面对家里人，感觉自己挺难的。

★ **回复**

你好！

每年毕业生就业问题都是全社会关注的焦点问题，压力大是难免的，我理解你。

近年来，大学毕业生就业压力越来越大，但我们也可以从中发现机遇。新的经济环境下，新模式、新机制、新平台爆发式增长，新的就业资源和方式不断被开发，就业选择也更加灵活，并且大学生就业观念和方式更加多元化，衍生出了很多新的就业机会，为 95 后毕业生选择去向提供了更多机遇。因此，对你来说，可以有更多灵活的选择，条条大路通罗马。如果你觉得"上班族"与你的就业意向不太符合，也可以考虑做一名"自由职业者"，也就是新兴领域青年，只要你有思想、肯努力，每个人在这个领域都大有可为；或者你可以选择继续深造，当前全国各大城市都在以各种方式引进人才，人才是竞争的核心，这也是未来的一种趋势，当你深造完毕或许会有更多更好的选择。当然，你也可以选择回馈家乡，家乡的建设也需要人才。

对此，你首先需要结合自己的专业、特长和兴趣及你对岗位类型、薪资、工作地点等的要求，进行科学的职业规划，锁定方向后再进行职业选择。这样在找工作时就不会太茫然，也不会被复杂的就业环境干扰，更不会找到自己不喜欢或明显不符合自己要求的工作。

至于薪资福利达不到你的要求，这都是正常的现象，不用灰心，也不要气馁。大学毕业，都是自己事业的新起点，在当前大的就业环境下，付出与回报还是成正比的，起点不会决定未来。只要你脚踏实地，在工作中肯努力、肯付出、求上进，很快就会得到薪资福利等职业回报的提升。

针对你的情况，建议你勇敢地迈出第一步，职场生活和学校环境存在很大的不同，如果还没有尝试就退缩，你无法体会工作带来的成就感。在工作过程中，你可以继续完善和提升自我，不断适应新挑战，不断超越自我。

祝你一切顺利！

解答要点

弄清楚求助者不愿意就业的原因，即不敢面对当前的就业环境。

对此，一方面帮助求助者认清当前的就业形势和95后求职群体的总体情况，另一方面鼓励求助者克服畏难情绪，不断提升自我，迎接和适应挑战。

> **2. 即将大学毕业迈入职场，对职场很期待，也有些焦虑担心，听说很复杂，不知道能不能应付。**

★ 回复

你好！

迈入职场，你选择的并不只是一份工作，而是一份事业的起点。对自己的事业进行合理规划，可以帮助自己在职场中持续发展。对于初入职场者，可以从以下几方面对自己将要从事的职业进行了解：

1. 这份职业具体是做什么的？

2. 想要从事这份职业要具备哪些基本的条件，比如学历、职业技能还是身体条件？

3. 这份职业的发展前景如何？

获得关于职业的信息可以通过网络、书籍、报纸、杂志等，也可以找老师或者从事该行业的朋友聊一聊，以便获得更多信息。

除了对职业基本常识的了解之外，我们还要了解自身的优势和兴趣，看看哪些事情是自己擅长而且做起来倍感愉快的，如何将自己的兴趣优势与即将开展的工作相结合，然后对自己的职业进行初步规划并制订目标。初期制订的目标不宜过高，过高的目标容易让人产生挫败感，经过努力能达成的目标不仅可以促进自身发展，还可以培养自信。同时，职业规划要短期、长期目标相结合，尽管处于信息化时代，但未来依旧是无人能准确预计的，留下合理的转换空间可以避免因计划落空或不符合实际情况而产生无助感以及抑郁情绪。

作为一名职场新人，我们走入了神秘的职场。此时，我们要坦然面对自己的不足，无论你如何充分准备，在初入职场时，难免会有不尽如人意的表现。如果我们将目光放在如何规避这些不足上，不仅会占用大量的精力，而且会使偶尔出现的失误变得无法接受，带来更多的挫败感。不如换个角度，将目光放在那些自己做得好的地方，有利于越做越好。同时坦然接受自己的不足，并听取他人意见，发扬优点、改进不足，这样可以在培养自信的同时获得他人的认可。

另外，每个人的优势和劣势都不相同，每个人的能力也不尽相同。在工作中应该根据自己的实际情况，选择适合自己能力的任务。如果因大包大揽而承担过重的任务，不仅会造成工作无法完成，还会对个人的自信心产生影响。相反，如果因侥幸而选择承担过于轻松的任务，长久下去也会让自己觉得有劲没处使，从而产生抑郁情绪。

职场中难免出现失败，一项任务的失败并不仅仅是一两个人的责任，过分自责会打击个人的自信，反之过分强调他人的责任则会遮蔽自己的双眼，培养虚假的自信，那么下一次的打击将会造成更大的伤害。要学会正确区分责任，勇于承担属于自己的那份责任，同时也要分清属于他人的部分。

最后和你分享的是，职业发展并不是一朝一夕的事情，任何成功人士都因耐得住寂寞才获得最终的成功。在职业发展的道路上，要学会经常为自己打气，不断鼓励自己前进。当事业面临上升期的瓶颈时，要有信心不断努力，要有耐心保持进取。祝你事业有成！

解答要点

帮助求助者进行合理的职业规划，从了解职业和了解自我入手，学习职场规则，建立职业自信，以积极的心态开启新的生活。

3. 孩子今年初中了，最近职业生涯规划越来越重要了，学校和社会都在强调职业生涯的重要性，但是我不知道，作为家长可以做些什么？

回复

您好！

职业生涯规划是从小就要培养的一种能力，父母作为孩子成长道路的引导者、主要建议者和支持者，提供的支持和帮助对孩子的成长发展极其重要。以下几点供您参考：

父母在教养孩子的过程中，以下行为有助于培养孩子主动进行未来规划的能力：

1. 注重采纳孩子的观点，接受孩子的感受；

2. 为孩子提供相关的信息和选择机会；

3. 减少压力和命令；

4. 鼓励孩子追求个人目标。

父母的这些行为在心理学上被称为"自主支持",有助于培养孩子形成自我决定的行为,而孩子主动对未来进行规划就属于一种自我决定行为。

很多父母与孩子都将精力投入到学习中,但很少考虑今后的职业生涯,例如不少学生会很明确自己未来想读什么学校,选择什么专业,但从来没想过对职业生涯的规划,因此父母仍然要在日常生活中多引导孩子探索对未来职业的规划。不论是父母还是老师,不仅要关注孩子目前达到的成绩,更要看到他们可能的成长空间,关注他们对自己的期望,鼓励他们更多地去探索各个领域,激发他们的成长潜能。

解答要点

帮助家长认识到家庭教育在孩子职业规划当中的重要作用,家庭教育中的尊重、理解、支持、给予孩子成长空间等原则对于孩子职业规划同样具有重要意义。

> 4.您好!新冠肺炎疫情爆发的这段日子,我除了隔离在家,什么事情都做不了,我相信疫情一定能过去,担心的是,我自己的生意怎么办?刚刚开始创业,压力很大,现在整日待在家里,心里更加郁闷。我该如何缓解这种焦急难熬的状态?

回复

你好!

首先很感谢你对12355平台的信任。很理解你当下的处境和感受,当前,很多青年人都和你一样,在疫情面前感到茫然失措。尤其是身处疫情的中心,我们比任何人的感受都更真实、更清晰,也更复杂。刚刚开始起步的事业面临着停顿,刚刚盘活的生意面临着不确定的风险,但是为了疫情、为了我们爱的人,你依然很理智、很毅然地隔离自己,何尝不是在体现创业者的一份勇敢责任和担当。国家正在积极出台相应的政策,为疫后中小企业的快速恢复想办法、解难题、做攻略。建议你一方面多多留意这方面信息,另一方面接受事实、转变心态,好好利用隔离的这段时间,在有限的资源下,做好合理的安排,化压力为动力,给自己充电。还可以从平时的忙碌中抽身出来,陪陪家人,关心家人。最后建议你多做放松练习。能及时求助,说明你是一个积极应对问题的人,相信你一定能在战胜疫情的同时战胜自我,把危机化为机遇。若有问题,也欢迎你继续提问!祝一切顺利。

解答要点

疫情除了带给青年人心理压力,还有职业压力、生活压力等。本案例是疫情防控期间职业青年经常提出的问题,很具有代表性。咨询师在回复中,首先以同理心对来访者面临的现状予以理解,对来访者自觉地执行防控措施予以赞赏;其次,为来访者提供正向信息支持,提升来访者面对未来的信心;最后,为来访者提供当下的生活和心理应对策略,再次为来访者提供心理支持。

二、恋爱婚姻

1. 我儿子今年初三,最近我发现,有早恋的情况,他成绩原本就中等,早恋后更下降了,说教不听,还会闹脾气。我该怎么办?

⭐ 回复

您好!

歌德的《少年维特之烦恼》中有这样一句话:"英俊少年哪个不善钟情,妙龄少女哪个不善怀春,这是人性中的至真至纯。"当发现孩子有早恋的苗头时,切勿惊慌失措、如临大敌,要给予孩子及时的帮助。

当发现孩子对所爱慕的对象魂不守舍时,家长切记不能用讥讽、责骂甚至惩罚的方式来对待孩子,更不能冲向学校、对方家中,或向邻里诉苦,这样会加大孩子的逆反心,让孩子更排斥家长,导致亲子关系紧张。最好的办法是理解孩子、体贴孩子。

当察觉到孩子早恋时,父母不仅要洞察孩子内心的状态,还要加以引导,耐心倾听孩子的诉说,并给孩子以理性、严肃的忠告。要教会孩子自尊自爱,区分友谊与爱情的关系,适当地向孩子讲讲爱情的社会道德性和爱情的权利责任,使孩子对恋爱、婚姻有更进一步的认识。

此外,孩子早恋还有一个重要的因素,家长不妨反思一下,平时是否对孩子关心不够,没有足够的时间陪伴孩子,所以才导致孩子出去寻求安慰。

解答要点

一是让家长正确看待孩子早恋问题，了解青春期孩子的身心特点；二是分析早恋现象的本质，家长应注意正确引导和帮助，三是家长要反思自己的家教方式，要给予孩子更多的关注和关心。

2. 青春期孩子出现早恋现象，虽说情窦初开可以理解，但面对中考、高考压力，作为父母，到底要不要干预？

回复

您好！

青少年时期的一个核心问题是自我同一性的发展，它将为成人期奠定坚实的基础。同一性的发展不是从青少年时期开始的，早在幼儿时期，儿童已经逐步形成了一定的自我认知。而青少年时期是第一次有意识地回答"我是谁"的问题。青春期的孩子看起来人高马大，但内心依然是个孩子，他们需要通过反抗父母老师的权威来建立自我同一性。通俗来说，就是通过与别人（尤其是权威）刻意变得不同来建立自我，这就是这个阶段的发展特点。

此外，青春期的孩子在逐步完成社会化的过程，必然会导致孩子加强与同伴的联系并获得支持，这也为他们将来走向社会、职业发展打下基础。

在了解到青春期孩子的特点后，面对孩子早恋问题，我们该怎么面对和恰当引导呢？

首先,孩子的情感发展,对异性产生兴趣与相互吸引,是同一性的一个部分。他们通过谈恋爱来了解自己是谁,什么样的人是适合自己的,就像和同性朋友之间关系变得紧密类似,两者都是通过与朋友、恋人的交往,把对方当作自己的一面镜子,了解自己。所以,孩子出现早恋现象,家长千万不要急着阻止。这个时候非但阻止不了,反而可能演变成梁山伯祝英台式的结果。孩子的"逆反"心理会让他们更粘在一起,联合起来对抗家长。

其次,你的最大担心是早恋影响学习。这件事需要适度干预,但干预需要有策略、有技巧。既不是一味放任,也不是死死盯着不放。要和孩子建立朋友一般的关系,这样孩子才愿意和家长说心里话,遇到事情,愿意寻求家长的帮助。这需要平时在家里建立能轻松交谈的氛围,多倾听、少评价孩子。

早恋如果引导恰当,可以促使孩子们成为互助的学习伙伴。这个时候的恋情大多处于好奇探索阶段,与孩子建立信任关系后,再与他们深入探讨早恋问题,可以鼓励孩子理性思考。例如,两个人如果要长远携手走下去,需要有能力在社会立足,这就需要在现阶段完成学业,进入大学。家长倾听孩子充分表达之后,再进行恰当的引导,就可能形成积极良性循环。

希望以上观点和建议对您有所帮助!

🔑 解答要点

告知家长要顺应青春期孩子的特点,有策略、有技巧地处理孩子的早恋问题,不要蛮横地阻止孩子,而是要与孩子建立信任关系后再去引导和影响孩子。

3. 一个星期前，男朋友爱上了我最好的朋友。分手后，我感到很难过，有轻生的念头。

★ 回复

你好！

很理解你的苦楚。爱情是双方互相倾慕，感受到完满和幸福，并渴望对方成为自己伴侣的真挚专一的感情。当恋爱中的一方因某种原因需要撤离这种关系时，另一方会感到强烈的内心伤害，有时还会出现应激反应，比如烦躁、心慌、失眠、茶饭不思、情绪低落、郁郁寡欢、以泪洗面等。建议从以下几个方面进行调整。

1. 寻求合适的情感宣泄

向要好的朋友倾诉苦闷心情。趁这个机会，给自己一个缓冲的空间，好好思考一下究竟是否真爱对方。真的爱，表明态度，彼此公平争取，输赢都不怨天尤人；如果男朋友真的已经不爱自己，何苦为一个不爱自己的人伤身又伤神？哭一场、找个朋友宣泄一次，让泪水带走心中的痛苦和郁闷。也可以奋笔疾书，让强烈的情感从笔端宣泄出去。给自己定一个短期的时间段，充分宣泄情绪，然后挥一挥衣袖作别。

2. 转移注意力

和朋友结伴来一次旅游，最好是到那些自己一直想去而没能去的地方，去体验自然的美丽，在大自然中使心灵得到净化，失恋的痛苦会渐渐平复。心理学研究发现，记忆与当时所处的环境有密切关系，在一个环境中形成的记忆，换到另一个环境中就较难回忆，情绪体验也是如此。暂时脱离那些引起痛楚的环境，有利于摆脱痛苦。做一些自己喜欢的事情，参加一些自己喜欢的活动，保持正常的工作、学习和生活节奏。

3. 调整心态

每一个人都会有一份属于自己的独特爱情，只是遇见的时间、地点各有不同。好好珍惜每一段情感经历，它让我们的人生变得更加丰满！好好爱惜自己的身体、生命，它不仅仅属于你自己，还属于爱你的爸爸妈妈！无论是感情爱情，抑或是学业事业，都有可能遭遇触礁、遭遇风雨。风雨之后，彩虹依旧绚丽！说声再见，送声祝福，下一段美好的爱情正在等你！

4. 塑造更好的自己

每一个人都有一位有缘人在等候你的相遇、相爱、相知。在期待相遇的过程里，把自己塑造得更加美丽、知性、可爱、善良。让最好的自己邂逅下一个他！

解答要点

帮助求助者疏导失恋导致的痛苦情绪，不要做理性的分析和深度的理论解读，提供几个缓解情绪的方法是现阶段的关键。

案例篇

专题一
校园生活

案例一:"乖孩子"和"空心病"

接案时间: 2019 年 4 月

接案方式: 12355 热线咨询 + 面询

当事人基本情况

刘某,男,15 岁,重点中学初三学生。父母均为教师,有文化明事理。他在父母的保护和良好教育下无忧无虑地成长,家庭关系简单,是家长老师口中乖巧孝顺、德智体全面发展的好孩子。见面后感觉他性格腼腆,行为拘谨,礼貌谨慎。

☆ 事由概述

在面谈之前,咨询师已和刘某家长通过电话,了解到孩子的基本情况:这个男生非常懂事,有礼貌,喜爱打篮球,朋友和老师的评价都很好,虽然成绩不算拔尖,但是也没有让家长和老师操心过,是大家眼中的"乖孩子"。在初二年级的时候,不知道是什么原因,他成绩突飞猛进，成为第一梯队的优等生，让他感受到了优秀学生的荣誉感。但是到了初三年级，成绩一落千丈。受到成绩下滑的打击后，他开始非常害怕考试，由于害怕，月考就没考好，于是孩子极度焦虑，怕四月调考考砸，怕中考考砸。家长发现孩子异常后，向班主任了解情况，并和孩子多次沟通，但是效果并不好，于是拨打了12355热线寻求专业帮助。刚开始，我们对其初步判断是考试焦虑，后来发现并不是这么简单，家长猜测和情感受挫有关，最后抽丝剥茧，才发现他也和现今广大青少年一样，踏入了青春期迷途。

☆ 处理流程

家长最初联系12355热线时，咨询师认为是刘某自我要求过高，思想包袱较重影响考试发挥，其实他是有应考实力的。所以在四月调考之前的电话沟通里，咨询师建议父母双方先调整自己的期待，考试前的晚上抱抱孩子，对他说："无论成绩如何，你都是我们的好儿子，我们都爱你。放心去考试吧！"这是为了调整该生考前过于焦虑的情绪。

值得欣慰的是，刘某四月调考成绩逐渐回升，信心也逐渐找回。随后家长又获得了最新信息，刘某初三年级成绩滑落可能是因为感情原因。他在初二年级的时候，喜欢上一个女生，到了初三年级，这个女生对他不理不睬，态度变化很大，此后他的成绩开始下滑。家长担心孩子在感情上的心结难解开，在四月调考后的周末，家长带着孩子与咨询师约在12355青少年服务站会面。

初次见面时，面对高个子的刘某，咨询师说道："哇，长得好高啊，你妈妈说你非常喜欢打篮球！"想以此拉近距离，他只是腼腆地笑了笑。因为对于他的情况，只是从家长那里获得的大概的信息，而刘某本人实际上怎么想、有什么感受才是最重要的。所以当面会谈的时候，咨询师按计划请刘某叙述初二到初三年级期间自己的故事：初二年级的时候，他确实对一个女生产生了好感，当时女生在他心目中仿佛笼罩着光环。为了能让女生注意到自己，他开始努力学习，积极参加体育运动。这让他跻身优秀学生之列，也体会到了优等生的自豪感。本以为到了初三年级，女生能和自己越走越近，没有想到，因为一些事情，女生和自己疏远起来。在疏远的同时，倾慕的滤镜就失去了作用，他重新审视了这位女生，发现她并不像自己想象中那么优秀。对她形象认知的改变，让刘某失去了奋斗的动力。他理智上认识到自己应该要好好学习，为中考做准备，却心有余而力不足。成绩的严重下滑，使他对自己的能力产生了怀疑。好在经过上次的调整，现在恢复了自信，但还是处于"想学习，但是动不起来"的困境中。咨询师问他："初二年级以前，你的成绩也不差，你是为什么学习？"他回答："父母要求的，而且学生就应该要学习吧。"咨询师继续问："学习是为了谁？"他也认为学习除了是父母、老师的要求，更应该是为了自己的未来。可是当问到他对于未来的考虑、职业规划、梦想等，他都答不出来。于是咨询师想从兴趣爱好方面引导他思考，他想了很久，说只是把打篮球当作乐趣，没有特别热爱的事情。

在谈话过程中，咨询师发现他对求职、工作、不同职业状态等感到迷茫，不知道除了老师以外的职业都是做什么的，不知道哪种职业需要哪些能力。这个现象说明刘某生活环境过于单纯，对现实社会接触和了解太少，除了知道为了达到父母、老师的要求而学习以外，并不知道学习对于自己的意义，因而出现了想学但是没有动力的迷茫情况。谈话进行到这里，发现刘某真正的困扰其实是缺乏学习内驱力。

找到问题实质后，咨询师同孩子、家长分别做了探讨和建议。

首先，从三个层面探讨为什么要学习。第一层面是各个科目的用处，第二层面是学历和文凭的意义，第三个层面是扩大自己对于生活的选择权。然后，指导孩子考虑自己的职业规划，再反向制订目前的学业目标。在这个过程中，咨询师根据《霍华德职业兴趣量表》的测试结果，给出了一些职业方向的建议，但也表示量表只能从现在的状态来作参考，成长过程中变数很多很大，测出来的职业兴趣只能作为当前情况的一个参考。最后，从孩子的长期发展提出建议，家长可以在中考后让他多看看电视，了解各种职业和社会现象，有条件可以尝试社会志愿服务，体验一下生活。

处理结果

刘某和家长带着这些建议和思考回去后，在备考冲刺中逐渐找到好状态，中考取得了理想成绩，考上了重点高中。

点 评

刘某的困扰非常具有代表性。现今的部分青少年人生目标迷茫，他们不知道自己是谁，不知道自己要去向何方，虽然衣食无忧，但学业压力大，为了父母学习、为了老师学习、为了分数学习，找不到学习的意义，找不到生活的意义，就是许多心理工作者提出的青少年"空心病"。一个孩子没有尝试过各种各样的活动，就没办法知道自己擅长什么、适合做什么;一个孩子没有真实地接触、观察过社会,就不会对社会和生活的意义产生思考。

刘某很幸运,受到了12355心理咨询师的指导。初中阶段属于青春期,正是探索自我、建立自我同一性的时期。自我同一性建立好了,树立了正确的价值观,找到自己是谁,想要做什么,就能够预防"空心病"。

案例二:初中生厌学背后的真正原因

接案时间:2019年9月

接案方式:12355热线咨询+面询

当事人基本情况

罗某,男,14岁,某市中学初三年级学生。父亲系快递公司职员,母亲系某贸易公司职员。与父母及奶奶一同生活。2017年4月底,当时读初一的他曾因为拒绝去学校上课而求助过12355热线,同年"五一"期间接受咨询后回到学校。初见面时,一旦被提问就看母亲或让母亲回答,性格偏内向,较为敏感,依赖性强,习惯回避问题。2019上半年开学的时候去了几天学校,再次以"作业没做完怕老师批评"为由(与2017年情形相同)拒绝去学校。父母上班,奶奶管不了,每天在家玩手机。父亲曾用吼骂、动手的方式进行管教。

⭐ 事由概述

咨询师对该学生用图画测评的方法确定不愿上学的根本原因，进而决定与该学生是否建立咨询关系。

在首访中，进行了该学生的个人绘画心理测试（包括房树人、雨中人、家庭动态图、夜晚的大海、自由画等七幅画）、该学生父母的个人绘画心理测试（三种动物、家庭动态图等两幅画）及其家庭完形绘画心理测试。通过绘画观察到：该学生图画的画面占纸的面积偏小，小于1/9，这是一种退行、自卑的表现；所有图画中的人物要么是虚拟的游戏世界中的机器人，要么是小小的没有五官的背影轮廓，这都表明其对人际关系的回避；画面出现大面积阴影、缺乏生气，表明其情绪低落，有抑郁倾向；缺失或毁坏的场景多出现在画纸右边，明显负性情绪与父亲相关。在其父母的画中，父子之间均相距甚远，完全没有交流。在家庭完形画中，家庭成员之间无法相互读懂彼此的画，父亲的画面线条生硬，在家人的画面中添加元素的时候完全不考虑他们的想法，典型的"大家长作风"，且极其缺乏沟通技巧。通过画与"话"相互印证，可以确定该学生不上学的主要问题在于父子关系。咨询师打算提升其内在能量，学会更好地处理人际关系，争取帮助其早日回归校园生活。

⭐ 处理流程

首访。形式为家庭咨询。通过绘画心理等技术，对该学生的家庭情况、性格特点、成长过程、家庭成员之间的关系等信息资料进行了收集。在整个过程中有三个突出的细节：一是父亲刚要在该生旁边落座，该生即刻从座位上"弹"起来，换到较远的座位上；二是在被提问时，该生都看向母亲或直接说"问她"；三是父亲的图画及语言表达中都显示出异常焦虑，情绪极不稳定，不顾及他人感受，该生当前情绪主要根源直指父子关系。

在本次面询中，该生图画及言行均表现出知、情、意退行，建议家长带其先去医院进行相关测评及诊断。

首访结束后，家长立即带孩子到精神科进行了检查测评，结果显示为中度抑郁。得到反馈后，咨询师建议该生先接受治疗。随后，该生及家长要求进行心理咨询。该生母亲迫切希望孩子能尽快回到学校并进行亲子（父子）咨询，尽快解决父子关系问题。根据其当前情绪状态及其对父亲的态度反应，咨询师建议从个人咨询着手，先打开他的"心结"。

第一至四次个案咨询。开始对该生进行个人咨询，每周一次。虽然还会偶尔开个玩笑，但起初他并不能完全放松，有时会将双手交握放在桌子上。在借助了催眠后，自述"感觉很舒服、很放松"。只是稍一涉及父亲，他的防御性立即表现出来。

该生的求助意愿较为强烈，每次都会提前半小时到咨询室，对咨询师也充分信任。咨询师在个人卫生（咨询前长期不刷牙不洗头不洗澡）、运动时间、手机使用时间等方面都与其进行了约定（时间及频次随咨询推进过程调整），并由家长督促完成。

在咨询中，从认识情绪开始，咨询师一步步引导其认识自我。在第四次交流时，他觉察到自己面对问题的回避，谈到自己不去学校是因为觉得学习麻烦、作业麻烦及人际麻烦，并逐一详细列举。他理所当然地认为反正有父母，不学习不工作也没关系。而且第一次承认不去上学是为了让父亲难受。在聊到几十年后父母年迈无法依靠时，他直接哭了。这些行为暴露出他在生活及社会常识方面的缺乏，未形成责任意识并对父亲的管教方式背后的原因不能理解。

第五次咨询。咨询师将隐喻故事与绘画心理相结合，引导该生去思考如何沟通、沟通中可能存在的误会及如何解决，并布置了家庭作业，鼓励并指导他以主导者的身份去建立家庭中的联结，他对父亲的抵触情绪开始消退。

第六次咨询。绘画内容以"十年后的我"为主题，该生的图画有了转折性的改变，首次出现了正面、完整而且比较大的人的形象。他开始思考自己的责任，并由此延展到自己当下的责任。

第七次咨询。信任关系及前期的铺垫工作都已充分，开始直接讨论父亲的话题。

在终于直抒胸臆后，该生接下来开始正视回归校园的问题。从列举回到学校要面临的困难与障碍开始，自己分别提出解决方案，并分门别类，包括自己可以解决的及需要父母协助的（开始将父母放在一起），回家与父母商讨，自己制定并命名为"咸鱼计划"。

第八次咨询。通过相关主题绘画，该生自己得出"天上掉馅饼的概率很小，必须做的事情还必须自己去做"的结论，并主动提出要再进行一次家庭咨询。

第九次咨询。借助家庭戏剧游戏及家庭完形绘画，为家庭关系打开了一扇门，该生父亲终于有了自我觉察，当面向妻、子（着重对孩子）表达了歉意，表示了今后努力调整改进的决心。该生也在本次咨询结束后到补习班开始补课，并与学校沟通好，年后开学即回去上课。

第十到十二次咨询。最后的三次咨询侧重于增强该生的内在动力，帮助他提升责任意识及解决问题的能力。

处理结果

经过12次咨询，该生的信心增强，有了面对和解决问题的勇气，与父亲的关系有了突破性的进展，积极补课，做好了重返校园的身心准备，经咨访双方商定，进行结案。咨询师对咨访关系的分离情绪作了处理，此案终结。

点评

在本案中，一个14岁男孩在面对咨询师的日常谈话中的普通问题时，也扭头看向母亲或让母亲回答，这种依赖程度折射出母亲"事无巨细，包办代替；零度死角，全面呵护"的养育方式。这种"全真空的无菌"方式下，无法培养孩子的抗挫折能力，"自我"的形成，以及面对问题、解决问题的能力。

在这种没有界限的教养方式下，他不需要思考自己想做什么、要做什么、能做什么，责任意识与担当精神也就无从谈起。当有一天父母无法满足他时，他便将一切归罪于父母。母亲用各种"满足"补偿，被他接受；而作为父亲，在面对状况无能为力、试图用发脾气和武力解决问题时，直接将自己放到了孩子的对立面。

很多时候父母没有能觉察"毁掉一个孩子最好的方式就是让他心想事成"，因而错过了教育和引导的时机。

案例三：遭遇校园欺凌后的初二女生

接案时间：2017年下半年

接案方式：12355热线咨询＋面询

当事人基本情况

小琪（化名），女，14岁，初二，父亲已失业在家大半年，母亲是某商场售货员。个子不高，身材偏胖，非常结实，男式短发，运动休闲式打扮。

事由概述

妈妈介绍，小琪在上个星期与一位男同学一起逃学一周。被家人找回后，已被学校停学，在家反省。父母感到非常棘手，遂拨打12355热线求助，后至12355青少年服务台进行面询。咨询师从小琪妈妈那里了解到，小琪在上初中后学习成绩较差，经常逃学，但不像这次消失那么多天。

处理流程

咨询过程中，小琪大部分时间低头不敢正眼看咨询师，回答问题用字很少，一般就是"嗯""哦""不知道""不记得"等等。第一阶段咨询了10次。半年后，小琪又主动要求妈妈联系12355青少年服务台，希望继续心理咨询，于是又咨询了4次。

在最初的几次咨询中，咨询师以极大的耐心了解到小琪的处境。

小学期间，小琪因性格内向，朋友很少，但幸运的是班主任非常和蔼，也算是一路顺畅地毕业了。就在小学毕业前后，有一帮附近的初中女生，总是追堵她索要零花钱。最严重的一次6个初中女生将她带至人迹稀少的河边，要钱未果，一拥而上将她踢打一顿。此后小琪发誓不再让人这样欺负自己，于是从上初中开始，与那些不爱学习、经常在外惹是生非的同龄人混迹在一起，直至自己也有能力呼朋唤友，纠集一帮人去打架。这导致她无心学习、经常逃课。

在咨询师搜集小琪行为问题相关资料的过程中，另一件事情的发生，让本就缓慢的咨询进程雪上加霜。在停课期间，不知什么原因，老师搜查了小琪的课桌，查出两包香烟。咨询师告诉小琪，她会和小琪共同面对即将面临的处分，当然更加希望她能相信咨询师，将自己的意愿和困惑尽最大努力告诉咨询师。小琪听后展现出她愿意配合的诚意。虽然在咨询过程中，她仍然习惯性地低着头，不敢看咨询师，但她还是断断续续地将那些从未向人吐露过的凄惨的遭遇和疯狂的报复告诉了咨询师。

咨询师问小琪，在最初遭遇大龄孩子的欺负时，为什么没有寻求父母和老师的帮助呢？小琪说告诉过父母，但父母认为就是小孩子之间闹着玩，甚至认为是小琪自己做得不够好，所以根本就没当回事。既然父母都没当回事，甚至还招来打骂嘲讽，她觉得老师更不可能为她做主了。于是小小年纪的她只能孤身一人，没有支持、没有帮助，独自面对欺凌。

咨询师为了重建小琪对成年人的信心，对她的反抗精神给予肯定，但同时提出她运用了错误的方式来应对欺凌。她与社会不良青少年的交往、纠集打架的行为，以及学校的香烟事件，正是导致她目前困境的真实原因。她现在所体验到的苦恼、恐惧、无所适从等种种情绪也是自己过去所选择的行为造成的。

咨询师允许小琪对以上结论进行反驳，也允许她在咨询过程中对有疑虑的地方提出疑问。经过多次反复，除了她坚持认为香烟是有人陷害外，其余都得到她的认可。咨询师愿意相信她，却也无法插手小琪的现实生活。后来经过与小琪妈妈的沟通，以及妈妈与学校的沟通，学校免除了对小琪的处分。

半年过去，小琪又来到12355青少年服务台的咨询室。现在的她本应在学校上课，但上次的事件中，父母将其学籍转存到一所武术学校，因学费昂贵并未入学，只是保留初中学籍而已。小琪停学了。她希望回到学校却未果，感觉生活无聊，甚至开始表现出对人的恐惧，整天待在家里，害怕一个人走出家门。

咨询师首先肯定了小琪遵守承诺、勇于跟过去告别的勇气，继而开始针对她的对人恐惧症状，制订了从眼神回避到主动视人的指导训练。训练过程中，小琪自己上网查阅了有关社交恐惧症的资料，怀疑自己是不是得了"神经病"，感觉恐慌。咨询师不断给予小琪鼓励和信心，但有一天，小琪说不想按照咨询师给的方案去训练。咨询师及时跟进，与她讨论她还可以做些什么"与人接触"或"发自内心"喜欢的事。小琪喜欢跳街舞，但没有系统学习过。咨询师立即与小琪妈妈取得联系，商讨后，妈妈主动为小琪挑选了一个街舞学习班。一开始小琪因内心恐惧，无法自己一个人出门去培训班，必须由妈妈接送。后来，小琪告诉我，她在培训班了结识了四位一起学习的姐姐，都是大学生，与姐姐们交流很开眼界，姐姐们也都很照顾她，她找到了久违的同伴情谊，很快她就可以不需要妈妈陪伴，自己按时去培训班学习了。

处理结果

第一阶段经过了 10 次咨询，小琪在结束前答应咨询师，不再与那些不良青少年交往，不再打架，绝不抽烟，尽量多学点知识。第二阶段最后一次咨询前，小琪向咨询师请假，说要跟培训班一起去参加一个街舞比赛。咨询师非常高兴，鼓励她舞出自我、舞出自信、舞出精彩。

点 评

看着小琪重新适应社会缓慢的步伐，作为她的心理咨询师，时常面对她的个案记录感慨万千。一个在花季不幸遭遇校园欺凌的女生，一个心有不甘用不当方式疯狂报复的女生，一个被迫停学的女生，如果没有12355，没有心理咨询师在人生的关键期拉她一把，给予她久违的理解、信任与关爱，她会有一个怎样的未来？校园欺凌，伤害的不仅是孩子的身体，更伤害孩子的心理，甚至影响孩子一生。预防校园欺凌，保护校园欺凌中的孩子的身心健康，是学校、家长和社会各方应有的责任。

案例四："游戏成瘾"的留守儿童

接案时间：2019 年 5 月至 2020 年 1 月

接案方式：12355 热线咨询 + 面询

当事人基本情况

小明（化名），男，14岁，初中一年级，家中排行第二，自小体健，无任何疾病，孝顺听话，比较喜欢体育运动。瘦小，有精神，衣着干净整洁，语言流畅，思维清晰，有较强的改变和求助动机。爷爷奶奶外公外婆均为农民。父母性格较为温和，家庭和睦，但遇事躲避，不擅与人交流。自小受叔叔影响较大，对其比较崇拜。

事由概述

小明出生后父母就外出打工，由爷爷奶奶带大。从小很孝顺，不惹事，和奶奶的感情深。最近半年，小明开始沉溺于手机游戏。多次偷同学手机卡充值。被学校劝退而求助12355热线，后转入12355青少年服务台进行面询。

处理流程

根据来访者的成长经历和现实情况判断，没有明显的精神异常症状，排除精神类疾病和品质性问题，初步评估为严重心理问题（学习力缺乏）。其沉溺游戏只是个人内心的填补。

因来访者求助动机强烈，咨询目标为学习力提升，双方协商一致后进行，第一阶段为一周一次，来访者学习习惯基本养成后为两周一次，坚持一段时间进入结束阶段。

第一阶段：

两次咨询和一次家庭治疗，建立关系，确定咨询目标，制订咨询方案和基本进展。主要采取焦点解决短期治疗和认知行为疗法。

以下为咨询过程中的一段对话内容：

咨询师：刚才了解了你的基本情况，发现你挺想成为叔叔这样的人，对吗？

来访者：是的。叔叔超级厉害，他在我们县里都很有名。

咨询师：哦，可以说说叔叔是如何厉害的吗？

（来访者说了很多叔叔的故事）

咨询师：真的是超级厉害。听你这么一讲，我的第一感觉是叔叔今天的厉害是他小时候的努力所获，你觉得呢？

来访者：是，是这样。叔叔从小就不服输，他经常做作业到很晚，我听老师说，叔叔遇到不懂的问题就要问，直到懂为止，他也不怕别人笑。

咨询师：哦，这样呀。叔叔小时候，你爷爷奶奶家家境很好吗？

来访者：比现在差多了。

咨询师：真的呀？我还以为是家境好给叔叔找了好的老师呢。

（来访者沉默）

咨询师：怎么了？我刚才的话让你不舒服吗？

来访者：没有，让我想起自己，觉得自己和叔叔差得太远。

咨询师：是有差距。那你觉得最大的差距在哪里呢？

来访者：我听叔叔说，他从小就有目标，一定要考上大学，对社会有贡献。

咨询师：那你呢？

来访者：我想做和叔叔一样的人。

咨询师：和叔叔一样的人是什么样的人呢？

来访者：上大学，对社会有贡献。

咨询师：真好！上大学，对社会有贡献是你现在的目标吗？

来访者：是，我要上大学，做对社会有贡献的人。

咨询师：太好了，那我们来想一想，要如何才能上大学，对社会有贡献呢？

来访者：老师，你觉得我能做到吗？

咨询师：能！只是要比其他人付出更多。

来访者：付出些什么呢？

咨询师：你想想。

来访者：是不是更努力？

咨询师：不仅仅是更努力。

来访者：其他的我想不出来了。

咨询师：我给你讲个故事吧，塞翁失马的故事听说过吗？

来访者：老师，你的意思是我现在就像塞翁失马一样？

咨询师：你觉得呢？

来访者：劝退，还是因为偷东西，这的确是很大的错误，可这错误未必是坏事。

咨询师：对，这样的错误有什么好处呢？

来访者：我再不会干这样的事了，任何违反法律的事我都不会做了。

咨询师：守原则和底线，至少你今后的人生不会走偏了。

来访者：我很喜欢省会城市，很想在这里读书，可这次事后我是不可能再在这读书了。这是我自己做错的事，我必须面对。

咨询师：嗯，至少今后你要做什么事时，要考虑事情的结果自己是否能够承受，对吗？

来访者：对，我不会再凭自己喜欢不喜欢来做事了。

咨询师：比如说……

来访者：就像玩游戏，我超级喜欢，但我绝不会再玩。为了管住我自己，我把手机上交了，我向你保证，我以后都不会玩了，真的！

咨询师：我相信你！还有呢？

来访者：还有学习，我原来觉得学习太苦，没有好好的听课，做作业，特别是英语，我很抵触，认为中国人学什么英语。现在想来自己真是太幼稚！我要好好听课，也要认真学英语。只是，老师，我不知道怎么学，你要帮帮我。

咨询师：好。现在我们就来解决这个问题。

……

此次咨询后，咨询师与来访者制订了学习计划表，并完成第一阶段咨询任务。

第二阶段：

四次咨询。帮助来访者建立学习习惯，引领来访者发现自己的内在资源和力量，尝试寻找社会支持系统。

咨询过程略。

第三阶段：

两次咨询。结束前的巩固和告别。鼓励和赞美来访者，看到他的付出和改变，增强其自尊和自信，让他学会自我鼓励和赞美，相信自己是有能力达到目标的。

处理结果

来访者经过咨询之后，重新建立了学习规划和目标，并戒掉了游戏，变得更加自信。

点评

该个案是学生个案中的常见个案，也是一例特殊个案，特殊在其留守儿童的身份。咨询师在做个案时没有突出这个特殊身份，作了一般化处理，弱化处理让来访者感觉到自己是正常的，去除了病理化和困难化。此个案的求助动机非常强烈，这让个案的进展非常顺利，其父母也相当配合，事情发生后其母亲立即辞职回家。来访者叔叔的作用是个案主动性强的重要因素，也能看到这个大家庭的家风较正，孩子出问题后家长的自我反省及对孩子的引导都很及时，这也对个案的进程起到了积极的正向作用。

案例五：遭受校园暴力后抑郁的小蓝

接案时间： 2019 年 10 月 19 日

接案方式： 12355 热线咨询 + 面询

当事人基本情况

小蓝（化名），女，17岁，高二学生，目前在休学中，性格自卑、内向、抑郁、不合群，母亲是会计，父亲是工人。

事由概述

小蓝最近特别痛苦，去医院检查是抑郁症。刚开始还服了几天药，后来觉得没用，就不愿意再服药了，整天在家和妈妈吵架，在学校又备受同学和老师的歧视，老师也建议她休学。所以，小蓝现在处于休学状态，在家不看书，也不出门，作息颠倒，白天睡觉，晚上熬夜，自己也很焦虑，现在该怎么办。小蓝妈妈拨打12355热线求助。咨询师经过评估，请小蓝到12355青少年服务台面询。

处理流程

经了解，小蓝的父母脾气不好，家庭氛围差，小蓝遭受同学围殴、辱骂达到了麻木的状态，不知道反抗，甚至造成了胆小、敏感、自卑、不愿与人接触的性格。医院检查结果显示轻度抑郁，也有强迫倾向，每天洗七八次澡，总觉得浑身不舒服，但本人不愿意接受心理咨询。

第一次：2019年10月19日，热线咨询

咨询师耐心倾听小蓝妈妈的陈述，对小蓝妈妈进行家庭教育和亲子关系的指导，建议小蓝妈妈多关爱、关注孩子，多进行走心交流，不发火，不打骂，创造一个安全和谐的家庭环境，多与孩子说话，积极面对现在的问题，让她感受到被爱和被关注，通过母亲的温暖和关

爱,帮助她树立信心,配合医生服药,愿意来面询。

第二次:2019年12月7日,面询

经过一个多月与小蓝妈妈电话、微信的沟通和指导,今天小蓝和妈妈一起来面询,表现得特别紧张,像一只受惊的兔子,两只手不停地揉搓,对自己的身高和长相很自卑。通过妈妈对咨询师的描述,小蓝其实很希望老师能帮助自己,走出困境,解决心理问题,可以正常上学,正常与人交往,正常吃饭睡觉,恢复社会功能。

咨询师通过共情、倾听、接纳等方式,对小蓝积极关注和认可,使得小蓝慢慢放松下来,说出自己的现状和感受。小蓝从小在学校就备受排挤和欺负,下雨天同学们拿着伞围起来打小蓝,她也不知道反抗,一起玩时大家都踩着小蓝的脚往过走,也没觉得是校园暴力。所以,现在小蓝感觉自己喜欢的东西都是别人不喜欢的,害怕别人看自己,总觉得自己哪里又不对了,又做错了,自己就是别人眼里的笑料。经过与她长达三小时的长谈,慢慢引导其正视自己现在的状态,并告诉她,错的不是自己,我们不能用别人的错误过度地惩罚自己,引导其与过去和解。

咨询师与小蓝探讨了对未来的打算和分析,帮助她找到了自己的目标。于是,她决定配合医生开始服用抗抑郁的药,努力使自己在休学的这一年中,积极生活,找回自信,再开学时,可以正常地生活和学习,不再害怕别人的眼光,可以像普通人一样生活和学习。

咨询师建议小蓝每天早中晚各照一次镜子,对自己说:"我很漂亮,我很优秀,我能行。"小蓝也表示会积极进行自我肯定,建立自信,发现生活中的美好。

第三次：2019 年 12 月 21 日，面询

继续通过热线对其母亲进行亲子沟通及家庭教育指导，对孩子进行共情、倾听、积极关注和认可，合理引导其正向思维，帮助其改变认知，重塑自我合理认知。

小蓝改变很大，感觉心结一下打开了，不再纠结，现在不太怕别人看自己，也听老师的话，愿意服用抗抑郁药物，每天按时完成家庭作业，觉得自己吃饭也有胃口，生活中也慢慢进入正常的积极状态，开始帮助妈妈做一些简单的家务活，也会合理安排时间，愿意出门逛街、吃饭等，相信自己一定可以考上自己理想的大学。

每周六与小蓝进行一次面询，通过咨询中的共情和耐心倾听，积极鼓励与支持，加上家庭作业对孩子自信心的提升以及母亲的积极关注和配合，孩子自信心明显增强。

处理结果

经过长期给小蓝的妈妈进行家庭教育和亲子沟通的指导，通过妈妈的改变，让孩子看到了希望，愿意来服务台继续咨询。通过咨询，小蓝找回了自信，重新回归了校园。

点 评

"校园暴力"，被嘲弄、被孤立、被殴打……年少时的痛苦记忆，不仅没有随着时间的推移而消逝，反而在内心留下深深的烙印，影响长大后的生活，甚至会严重到躯体化病变。12355 青少年服务台呼吁学校、社会、家庭都要重视校园暴力问题，父母要给予孩子温暖的家

庭氛围、安全的生活环境，在孩子遇到问题时要主动寻求父母的帮助，保护好孩子的身心健康。

案例六：校园恐惧引发的割腕事件

接案时间：2019 年 12 月 2 日

接案方式：12355 青少年服务台面询

当事人基本情况

亦某，女，13 岁，独生女，性格内向，与人缺乏交流，对环境不适应导致厌学。

☆ 事由概述

亦某自幼性格比较内向，母亲照顾得相当细致，过着饭来张口、衣来伸手的生活。小学学习情况基本正常，只是上六年级时，家里为她上初中考虑，将她转学到了城里的一个小学。入学后她就出现了不想到学校的情况，每次从家走时都是哭着走的，大概过了一个多月的时间才勉强适应了新环境，学习成绩还算可以。上了初中后，不想上学的情况又出现了，但到了学校后的表现还算正常。最近一段时间更不想上学，总说心烦，在班上很不舒服，不适应学校环境，以至于因不去上学和母亲发生了冲突。就在前一天的晚上，她竟然用小刀偷偷割了自己的手腕，流血后她因害怕才告诉妈妈，幸亏割得不深，但是把爸妈吓坏了，赶快把她送到医院，进行了包扎，好在无大碍。回家后,这件事惊动了全家上下,满屋子的人都围在亦某的身旁。

☆ 处理流程

心理咨询师接到信息后,由于亦某不愿出来接受疏导,情况也比较紧急,咨询师就到了亦某的家,她也还算配合。经过交谈,心理咨询师给出的初步诊断为因新环境不适应、学习压力大而厌学,以及性格内向等因素导致的学校恐怖症倾向。

心理咨询师带亦某到单独的房间,通过使用求助者中心疗法的无条件尊重与共情,很快便和孩子建立起了信任的关系,随后又使用了互动游戏、绘画等方法。到面谈的后半段,孩子领悟到了自己由于性格的因素,外加厌学、意志力品质弱而导致的学校恐怖症倾向,表示愿意在咨询师的帮助下走出目前的困境,不再去做割腕等愚蠢过激的行为。

过了几天,亦某的情况出现反复。心理咨询师再次与其进行了面询,并邀请到了班主任老师。咨询师与老师都分享了各自的童年生活及青少年学习经历,主题是如何战胜自我,孩子深受启发,讲到动情处,在场的人都为之动容,亦某甚至满含热泪,当场表示要上学,要和其他同学一样。

处理结果

经过咨询,亦某认识到自己割腕行为对自己及家人的伤害,家人、学校共同努力帮助她、接纳她,让亦某放下恐惧,重新回归了校园。

点 评

对于性格内向、意志力较弱的孩子,家长要给予积极的示范和引导。一是为孩子创造良好的家庭氛围,让其在适应不同人际环境方面得到应有的历练,扩大空间,多与邻居、亲戚的孩子一起玩耍、游戏、生活;二是家长有必要利用节假日、业余时间带孩子徒步郊游、爬山等,磨练其意志,增强其体质,减少对不同人、不同情境的陌生感,提高其人际环境的适应度;三是家长要给孩子树立良好榜样。在做事方面要有目标感,学会坚持,不断增强耐力,树立理想与抱负;四是建议学校及班级多开展理想与人生观、价值观方面的教育,借助心理健康教育课,帮助孩子学会调控情绪,学会彼此支持,养成积极向上、不畏困难的性格品质。

案例七:尖子生惧高考面临辍学

接案时间: 2017 年 4 月

接案方式: 12355 热线咨询 + 面询

当事人基本情况

何某,女,17 岁,某重点中学高三学生,父母离异,现在和父亲生活在一起,学习成绩优异。

☆ 事由概述

17 岁的何某成绩一直名列前茅,是学校的重点培养对象。一年前,其父母离异，母亲很快搬离并再婚，父亲性情变得暴躁。何某逐渐出现失眠、头痛，后来发展到时常紧张、心慌、手心冒汗、焦躁不安的症状，学习成绩严重下滑，在拿到一次较差的考试成绩时，她当场晕倒。医生诊断为低血糖、慢性胃炎。何某从此拒绝回学校，在家睡觉、看电视、上网。在勉强参加一次模拟考试后，她的成绩严重下滑，出现了神经性皮肤病、胃痛、胃痉挛等症状。行为方面也出现了偏差，拒绝出门、不和人交流、生活懒散、脾气暴躁。在爸爸拨打12355热线前，已经休学在家半年，无法正常生活学习，社会功能受到损伤。经过咨询师评估，到12355青少年服务台进行面询。

☆ 处理流程

一、心理评估

来访者情绪低落消沉，但言语表达清晰，知情意统一，性格比较内向、敏感、多疑、追求完美，对目前困扰自己的问题有很大的情绪反应，有自知力，在爸爸的强烈要求下，答应来12355青少年服务台进行心理咨询。

二、确定咨询方案

（一）来访者求治目标：希望能够恢复正常学习并能参加高考。

（二）来访者心理的冲突问题：

一是社会因素。高三到新的校区进行封闭学习，何某从心理上没能及时调整和适应；高三的学习节奏快，紧张程度高，各种考试比较密集，每次的考试成绩都会对何某带来强刺激；因为学习成绩一直优异，老师和同学对何某的状况都非常关注，何某就更加看重老师和同学对自己的评价。二是家庭因素。父母长期不和，离婚的决定对何某产生了很大的影响。何某失去安全感，觉得自己不被爱，不被重视；父母双方家庭对何某的教养方式有很大不同，父母相互指责，甚至是双方家族的争斗和拉扯，让何某在两难的境地纠缠，难以选择；父母在价值观和人生观上存在很大分歧，各自用不同的标准要求孩子，何某处于矛盾的中心，家庭内部缺乏良好的沟通方式。三是个人因素。从小在努力维持家庭关系的环境中成长，缺乏自主意识，长期压抑自己的真实想法，与人相处，常用讨好的方式；敏感的个性特质造成对身边的人或事的反应过度，过于在意别人的评价和看法。

（三）初步诊断：心理问题躯体化的典型反应。

三、咨询过程

接到热线电话预约后，12355青少年服务台咨询师对何某及其家长进行了6次系统的心理咨询。

第一次咨询：找出心理疾病根源。

咨询师和何某的父母分别进行交流。父母相互抱怨对方没有照顾好女儿，夫妻俩曾经无数次争吵，现在已经离婚，都不愿意谈孩子的事情。

何某谈道："我曾经多么优秀，到哪里都是焦点。可现在一坐在教室就浑身发痒、心慌、胃痉挛。"老师的关心会让她害怕，总觉得同学的关心不怀好意，父母也让她很烦。"我胃痛得厉害，他们居然怀疑是装的，根本不关心我。"何某是心理疾病躯体化反应，成绩对她是强刺激源，而她又特别在意家人、老师、同学的看法，从而回避现实，躲在自己曾经美丽的情景中。

第二次咨询：催眠治疗后不再放弃高考。

何某和父母一起来到 12355 青少年服务台心理咨询室。通过调整，何某的情绪较稳定，失眠、头痛有所好转，但偶尔还会胃痛。

咨询师一方面开始对她进行认知和行为矫正，做放松训练；另一方面继续和父母沟通，让夫妻俩意识到以前是把自己的愿望强加给孩子，孩子为了讨好父母，压抑了内心的想法并选择折磨自己。

此次，咨询师对何某进行了催眠治疗，稳定她的情绪，并引导其找回曾经的巅峰状态。本次咨询后，按照咨询师意见，何某开始每天安排一次游泳锻炼，从生理上调整自己的状态，并表示不会放弃高考，在家按照计划继续复习功课。

第三次咨询：用想象法进行"系统脱敏"体验。

何某回学校参加了"二模"考试，只考了 500 多分，她开始睡不好、心慌。这一次，咨询师对何某做了渐进式放松体验，用想象法进行脱敏体验，想象学校里愉悦的画面、喜欢的老师、要好的同学，想象靠近学校、走进教室的感觉，在平静坐在教室的状态下结束体验。

第四次咨询：打算回学校备战高考。

何某一个人来到咨询室，情绪很稳定。通过比较，她发现自己的有效学习时间增加了，每天还坚持两次散步，听喜欢的英文歌。前几天，她回了一次学校，坐在教室里没那么心慌了，睡眠状况好转很多。令人欣喜的是，何某开始想念学校的好朋友，已打算试着返回学校备考。

第五次咨询：电话咨询，内容为如何协调同学关系。

何某通过电话咨询，抱怨在学校和同学相处不太愉快，好像同学们都不愿意和她交往，觉得有点烦躁。返校以后学习状态还可以，能坚持上完每天的课程。咨询师通过对情绪作相应的处理，调整认知，积极调动何某学习的原动力。

第六次咨询：调适考试紧张焦虑情绪。

何某独自准时到12355心理咨询室，自诉最近睡眠不好，看书看不进去，感到比较紧张。咨询师从放松训练开始，引导何某做放松练习。对考试焦虑情绪做评估，明确适当的压力是必须面对的。分析目前的心理状况以及需要面对的困难。对何某进行积极的心理暗示。

处理结果

何某逐渐摆脱焦虑恐惧情绪，重新调整状态，经过几次回归学校考试的"系统脱敏"治疗，学习放松方法，开始重新设立目标，回归学校，最终完成高考。

点评

通常只要是有实力、成绩一直拔尖的学生，面对高考都会紧张，但不会惧怕。如果真有尖子生惧怕高考甚至险些辍学，那一定是遭遇特异刺激的结果。本案中何某的困扰表现，正是这种特异刺激的现实反应。咨询师面对求助者，透过现象看本质，着力从何某心理问题躯体化的背后原因作解析，引导她及家长从社会因素、家庭因素、个人因素三大层面找症结，并用递进方法系统疏导，最终达到当事人考试紧张焦虑情绪疏解的效果。

案例八：大一新生入学如何适应环境

接案时间：2017年10月

接案方式：12355热线咨询 + 面询

当事人基本情况

刘某，女，18岁，某大学大一新生，家住北方，独生子女，父母均为工人。

事由概述

刘某今年刚从北方某城市考到南方某市，但对于本市的一切都不能接受，天气太热又太闷，经常阴天，吃的东西也不喜欢，学校也不如自己想象的那么好，同学说方言自己也听不太懂。总之，很不适应本地的生活，要求转学回家乡上学。遂拨打12355热线寻求帮助，经过咨询师评估，到12355青少年服务台进行面询。

处理流程

一、心理评估

心理咨询师根据来访者刘某的描述，了解到来访者对目前困扰自己的问题有强烈的求治欲望。对来访者的咨询内容进行分类，属于适应性障碍问题，并伴有明显的焦虑和抑郁的情绪，刘某对问题的原因也有一定的自知力。

二、确定咨询方案

（一）来访者咨询目标：希望能适应在本地的大学生活。

（二）来访者心理的冲突问题。

1.适应障碍多伴有依赖型人格障碍，主要在孩子或部分成年人中出现。主要的表现就是对新环境的不适应，无法融入群体。无主见，无独立性，害怕孤独，难以接受分离。

2.在本案例中，了解到刘某的问题与她的童年发展有密切的关系，家庭的结构过于紧密。在刘某的成长中，家庭并没有给过刘某分离个体化的空间，整个家庭对她过分溺爱，不给她独立做主、独立生活、独立处理问题的机会。刘某也养成对家人的依赖，即使到了需要独立自主的年龄，还是不愿意面对独立选择、独立生活的问题。而且由于家庭的长期包办，刘某也缺乏这个年龄相应的社会适应能力。

（三）诊断结果：一般心理问题，适应性障碍。

三、咨询过程

第一次咨询时，刘某提出希望咨询师帮助她转学，咨询师告知此要求不是心理咨询目标，通过与她一起讨论，最终把咨询的目标定为本学期可以适应学校学习和本地生活。确定了咨询的目标，咨询师主要对她的新生适应问题进行调整。首先一起分析了大学一年级的特点，告之很多同学或多或少都有一些新生适应的问题，只是程度不同。

其次，咨询师与她一起分析了具体哪些方面适应、哪些方面不适应，以及可以找到的应对方式，带领来访者看到了自己很多想法中的不合理性。

第二次咨询时，咨询师采取资源取向方法，帮助来访者寻找资源，建议她多参加社交活动，比如加入同乡会，主动去结交兴趣爱好相同的同学，跟学校辅导员交流，扩大自己的社交范围。同时与她制订一些行为计划，按照合理的时间来安排自己的生活。

第三次咨询时，重点讨论了家庭在形成她目前问题中所起的影响，引导来访者看到自己在独立性的发展过程中还需要有所成长，需要一些时间，也需要自己主动地加强尝试。

处理结果

通过3次心理咨询，来访者刘某愿意尝试着调整，暂时不着急转学和休学。在咨询的过程中，刘某能按时完成咨询师制订的行为方案。特别是刘某与学校的辅导员沟通后，辅导员非常愿意参与帮助刘某转变。刘某参与学校开展的心理团体活动后，也结识了几名好朋友，感觉到被接纳、被认可，这对于来访者的转变起到很大的作用。

点 评

可怜天下父母心，但有时这个好心不一定会带来好的结果。在这个案例中，家庭的大包大揽反而造成了刘某适应不良和依赖型人格障碍。父母一定要根据孩子的发展周期，给予孩子不同的照顾，需要根据孩子年龄的增长而逐渐减少孩子对父母的依赖，孩子独立性才能逐渐增加。

专题二 家庭教育

案例一：亲子沟通从心开始

接案时间：2019年10月20日

接案方式：12355热线咨询+面询

当事人基本情况

小金（化名），男，13岁，就读初一。

☆ 事由概述

10月中旬，小金妈妈打电话到12355热线咨询，孩子不听话、难管教。经过12355热线工作人员转介，在12355青少年服务台进行面询。据咨询师了解，小金妈妈常常对小金发脾气，而小金对妈妈说的话不是置之不理，就是和妈妈大吼大叫，有时候母子俩还会发生肢体冲突，妈妈为此也很苦恼。

☆ 处理流程

根据咨询师初步评估，小金存在与母亲沟通不畅、学习习惯不好、学习动力不足、与同学相处困难、缺乏自我保护意识等问题。但要在短期内解决这些问题存在较大困难。经过与小金及妈妈沟通后，确定了咨询目标和咨询时间。

第一次咨询：因为小金玩手机的时间过长，妈妈语言制止无效而发生肢体冲突，小金离家出走，导致第一次咨询无法正常进行。

第二次咨询：小金和妈妈一起来到咨询室，妈妈介绍了基本的情况，小金进行了补充，咨询师掌握了来访者的基本情况。

第三次咨询：与小金、妈妈一起确定了咨询目标。小金和妈妈诉说了最近发生冲突的情况及原因，其间母子双方还对某些冲突事件进行了澄清。此次咨询，主要是让母子俩能够通过交流化解矛盾。小金明白了妈妈发脾气的原因，妈妈也感受到孩子在伤心、难过时需要关心和安慰。咨询结束时，妈妈表示，几乎三年没有和孩子这样交流过了。

第四次咨询：通过第三次咨询，母子俩在最近这一周的时间里没有发生激烈的冲突，虽然妈妈还是会数落孩子，但是事后都可以冷静下来问清楚原因，也愿意聆听孩子的想法。但是妈妈对学校老师、同学有很多的抱怨，也导致孩子对老师、同学有很多负面情绪。

第五次咨询：通过前几次咨询，小金和妈妈都认识到不该一味地指责、抱怨老师和同学，自身也有需要承担的责任。此次咨询主要是强化小金和妈妈的责任意识，让小金认识到学习是自己的事情，遵守课堂纪律、完成老师布置的作业是自己有能力做并且可以做好的事情，也使妈妈意识到孩子的教育只靠学校和老师是不行的，家庭教育也很重要。

第六次咨询：主要是对前几次的咨询进行总结，评估咨询效果，初步拟定下一阶段咨询计划。

处理结果

通过6次咨询，小金和妈妈基本没有再发生冲突，在控制使用手机方面，也能做到合理控制时间。小金在妈妈的监督下按时完成了家庭作业，当小金达到自己制订的目标时，妈妈也会及时鼓励孩子，母子间建立起了新的沟通模式，实现了第一阶段的目标。但是这段时间，虽然妈妈被老师请到学校的次数减少了，但是小金的成绩还没有太大变化，需要下一阶段继续进行相关心理咨询与辅导。

点评

小金和妈妈的矛盾从表面上看主要是因为学业、生活问题而引发的冲突，但实际上是母子俩的沟通方式不当，小金的学习习惯不好、学习成绩差。在对小金的教育中，妈妈认为学业教育是学校的事情，没有承担起自己的责任。咨询师认为首要解决的、短期内有效果的就是帮助母子俩建立良好的沟通模式，并使他们掌握一定的沟通技巧，使妈妈能够客观地评价孩子。通过前期咨询，基本实现了预期目标。

此个案咨询中，咨询师立足调整来访者"自我认知"，助人成长，运用专业知识，提供个性化服务。咨询中，咨询师与小金及其母亲交流生活经历及内心感受并共同讨论、商讨和制订个案服务的目标和计划，不仅引导服务对象树立"主人翁"的意识，更以人本主义为基础，关注来访者自身的现实情况和实际需求，鼓励服务对象尊重自我、接纳自我，以激发其自我成长的动力。

值得注意的是，母子间能否良好沟通不仅仅是沟通模式的建立及沟通技巧的使用，还和小金的学习习惯、学业成绩存在较大的关系。因此，为了达到更好的咨询效果，下一阶段要激发小金的学习动机、改变习惯，改善小金与老师、同学的关系。

案例二：爱的捆绑——"我这都是为你好"

接案时间：2019 年 11 月 7 日

接案方式：12355 热线咨询 + 面询

当事人基本情况

陈某，女，15 岁，高一学生，性格温和，待人有礼，敏感、缺乏安全感，在陌生人面前较拘谨。

☆ 事由概述

陈某是家中老大，还有个妹妹，相差 10 岁。对于妹妹的出生，陈某一直想不明白，父母已经有一个孩子了，为什么还要再生一个？所以和妹妹的关系并不亲密，常以吵闹为主，甚至一句话不对都会打架。谈到这两个孩子，陈某的母亲很头疼。

根据陈某母亲的回忆，高中之前的陈某并不是这个样子。高中以前，陈某一直是乖乖女，成绩优异，相貌甜美，待人有礼，街坊邻里无不夸赞父母培养得好。但是高一开学之后，陈某开始变得不愿与人交谈，学校里虽然有不少朋友，但是交心的却不多。周末回家时一回来就钻到自己的屋子里，吃饭时也是默不作声地把饭吃完，在家里不与其他家庭成员沟通，沉浸在自己的世界里。

刚开始，陈某父母以为她学习压力大，有些小情绪，没有特别注意。近些天来，父母感觉陈某精神状态越来越不对，吃饭也不积极，问她也不说，于是对其愈发担心，遂拨打12355热线咨询。咨询师在与陈某母亲电话沟通了解其基本情况后，建议其预约12355青少年服务台进行面询。经过父母的多次努力沟通，陈某答应前来咨询。

☆ 处理流程

一、初诊接待

通过与陈某及家庭成员沟通，简单了解陈某的成长经历、家庭情况和在学校及家庭的行为表现，发现了陈某在成长过程中对其造成重大影响的事件。

沟通中，咨询师了解到陈某的母亲本来有自己喜欢的工作，但是为了更好地照顾她，辞掉了原来的工作，作为一个家庭主妇全职照顾陈某的生活起居。陈某父母认为赚钱养家已经很辛苦，但是孩子从来不理会父母的辛劳，还是不满足。事实上，陈某觉得一点都不快乐，她觉得母亲这种陪伴更像是牢笼一样囚禁了她。

二、摄入性会谈

根据诊断确定心理疏导策略，与陈某深入沟通，了解其导致抑郁背后的可能因素。

会谈中，咨询师发现，陈某一直都觉得爸妈对她特别好，好到觉得自己配不上爸妈给的爱。就是这样的好，让陈某觉得压抑，无处疏解。每天爸爸起早贪黑、辛苦赚钱，都是为了给她和妈妈以及妹妹更好的生活。妈妈每天只让她学习，帮她制订详细的计划，具体到每天几点起床、几点吃饭、几点去厕所，一切都要严格按照计划来执行，不能有一点偏差，任何与学习无关的事情都是在浪费时间。周末不可以出去玩，等着她的是一个又一个的辅导班、兴趣班，但那些又不是陈某的兴趣，她只是在完成妈妈的兴趣，替她弥补遗憾。

她不是没有反抗过，但是每次听到妈妈说"我都是为了你好，你怎么就是不领情呢，你真是太让我失望了"这句话，她就开心不起来。"每次看到妈妈失望的眼神，就觉得我好像犯了什么不可饶恕的大错。所以为了成为她心目中的好孩子，我放弃了自己的爱好，逼自己喜欢她想要我做的一切，现在我好累呀，逼不动自己了。她在意的从来都不是我快不快乐，而是她那所谓的虚荣和攀比。"渐渐地，提起学习，她就感到特别痛苦，厌恶一切与学习、学校有关的东西，后来开始拒绝去学校，以此来逃避学习，逃避妈妈的逼迫。

三、咨询性会谈

按照计划对陈某进行各阶段的心理疏导。

在咨询过程中，咨询师首先运用空椅子技术，让陈某表达出对父母的看法，使其内心压抑的情感逐步释放宣泄。同时，咨询师帮助陈某弄清自己愤怒背后的真实需求：一方面希望更多的自由、足够的休息和休闲权利，特别是这种权利的合法性；另一方面希望父母给予更多的关爱——是能让陈某接受、感受到的关爱，而不是父母自以为是的爱。

咨询师肯定了陈某对自由空间的需求，并帮助她认识到这是青春期自我成长的一部分，应当对自己予以接纳。同时，咨询师试着帮助陈某分析家长行为反应的可能原因，包括：父母自身的成长经历没有赋予他们足够多的关爱子女的能力、父母的生活经验对现代教育生活的不适应、父母表达能力的欠缺、父母把生活压力和社会的竞争性投射到教育过程中等等。陈某在试图理解父母的方向上更进了一步，表示能够部分理解父母行为反应的原因。咨询师鼓励陈某睁开眼睛生活，不要把父母想象成理想化的完人，而是要自己对自己的生活负责，并尽可能地理解父母，在成长的不同阶段与他们达成动态的平衡，不要意气用事，用威胁、赌气的方式寻求父母的关爱。咨询师答应陈某同其父母就教育方式中的问题进行沟通协调。

四、与家长交流反馈

咨询师向陈某家长解释了陈某行为表现的原因和其内心真实的感受。咨询师建议父母，一方面给予陈某足够多的生活空间，尊重其在学习之外休息和休闲的权利。在管理方面尽可能抓大放小，接受孩子逐步成长这一变化。另一方面，家长应当有自身的生活重心，不要把所有精力放在孩子身上，使孩子产生压迫感。应当充实家庭活动，活跃家庭氛围。同时，在孩子课外辅导方面要与孩子进行协商，不要强迫其参加过多课外辅导，造成心理疲劳和对父母的记恨。家长对建议表示接受和认同。

处理结果

经过与陈某和其父母沟通，教授一些亲子沟通的技巧与方法等，促进了双方正常沟通，亲子关系得到改善。

点 评

反抗心理是中学生普遍存在的个性心理特征。这种特征主要表现为对一切外在力量予以排斥的意识和行为倾向。在这一阶段，家长会觉得自己原来特别听话的孩子像变了一个人。这一时期的孩子是敏感的，一丁点的小事都可能会对孩子造成很大的影响。由于青春期"自我封闭"意识开始出现，孩子有"孤独感"和"寡言"现象，家长明显感觉孩子不愿意和家长说心里话。多数家长都反映不知道孩子在想什么。

本案例中陈某母亲的教育方式属于专制型，对孩子的高要求、高期望引申出一系列相关的教育行为，没有考虑到青春期孩子的心理特点，缺乏良性沟通，束缚了陈某。长期的不满及愧疚情绪的积压无处宣泄，导致陈某心理问题的产生。

针对这件事，咨询师安抚陈某的情绪之后采取认知调整，促使陈某认识到父母的教育方式虽然有待改进，但他们初衷是好的。父母的高要求、高期望不免会有满足自己虚荣的私心成分，对于任何一段关系来说，沟通都是很有必要的。

案例三：原生家庭中的分离焦虑

接案时间：2019 年 9 月

接案方式：12355 热线咨询 + 面询

当事人基本情况

来访者陈某，男性，17 岁，某中学高二学生，身高 1.65 米。自幼身体健康，未患过严重疾病，家庭经济条件稳定，妈妈是产科医生，爸爸在企业上班，无精神疾病家族史。来访者知觉、记忆及思维未见异常。注意力不集中，情绪紧张焦虑，人格相对稳定，失眠，多梦，躯体医学检查正常。

☆ 事由概述

陈某近期情绪特别低落，抵触学校，只要在学校宿舍睡觉，情绪就焦虑，躺在床上就浮想联翩，无法入睡，因此带来的烦闷心情严重影响了学习和生活。失眠严重，易发脾气，喜欢独处，学习状态不如以前，上课走神，注意力不集中，喜欢发呆。

对未来毫无把握，对此深感烦恼。不愿上学，想转学，希望能转到好朋友所在学校和班级。这种迫切转学抵触学校的心情是从高二本学期开始的。因此陈某的妈妈代其致电 12355 热线求助，经转介，陈同学独自到 12355 青少年服务台心理咨询室进行面询。

来访者认为受小学时被迫寄宿的影响，与父母强行分离的创伤至今一直影响着自己，一进学校的宿舍就本能地不安和焦虑，无法入睡。

在家独处时，感觉压抑、苦闷、焦虑，也不想和家人交流。一天的学习结束，自我感觉没有什么效果，到了晚上内心又开始烦恼。

☆ 处理流程

帮助求助者设立咨询的近期目标和最终目标。

近期目标：减轻求助者的焦虑情绪，改善认知，消除不合理信念，重新树立信心，改变认知模式，从而使求助者能够正常学习与生活。

最终目标：提升求助者的心理健康水平，增强其社会适应能力，学会自我心理调整。

第一次咨询，通过倾听、共情、区分、发问的方式，借用 OH 卡牌心理投射技术，呈现其内心的真实状态，帮助其看清自己，梳理内在的隐藏情绪，帮助来访者找到焦虑的根源。OH 卡牌呈现出求助者最开心的事情是和自己的好兄弟一起聊天和闲逛。求助者自述改善目前状况的方法是转学到好友的学校就读。

采取认知行为疗法帮助求助者认识症状产生和发展的过程，使求助者识别自己错误的认知观念。求助者的歪曲认知和错误观念是：误以为只要和好朋友在同一所学校就能改善自己的失眠状态和排除自己的焦虑情绪，所以希望转学求解脱。

咨询师为来访者布置家庭作业：

1. 把认为不合理的想法写在本子上，并写出合理想法；

2. 平时觉察到自己出现不良情绪时，把它记录下来，学习看到自己的情绪并会陪伴自己的情绪，培养自己的觉察能力；

3.建议求助者的妈妈过来面询（孩子的问题大部分是父母情绪失控的延续）；

4.完成放松训练的家庭作业，并以日记的形式记录下来。

第二次咨询，陈某的妈妈来面询，本次面询目的是从家庭中查找出陈某分离焦虑的根源。建立正确的目标，用求助者家庭与咨询师合作的方式帮助求助者解除焦虑的困扰。

陈某妈妈自述自己在生陈某的月子期间曾患有重度抑郁症，曾有过好几次轻生的念头，幸亏有丈夫的理解与陪伴才得以度过重度抑郁期。因时常无法调整自己的情绪，对儿子的家庭教育经常是控制和强迫，总是把自己认为最好的东西留给孩子，却不交流，不了解孩子的喜好，孩子感受不到爱，小学阶段在孩子并不情愿的情况下强行安排寄宿就读，在其内心深处留下了不可磨灭的创伤。

通过和陈某妈妈的交流，在倾听与共情中找到了导致陈某分离焦虑的根源，是幼小时与母亲断了内心的连接，儿童时又被迫离开父母开始寄宿的学习生活，内心缺乏安全感。如今高二分班与好朋友的分离再次激发了隐藏于内心深处的缺失感，带来焦虑。咨询师通过认知行为疗法和人本主义疗法疏导陈某母亲的担忧情绪，帮助陈某母亲学习正确接纳孩子目前的状况，并在陪伴中与他一起面对分离焦虑的情绪。

布置家庭作业：

1.多陪伴孩子，理解并接纳他的情绪，多给予鼓励和支持；

2.面对孩子在学校的焦虑问题，父母尽可能地帮助孩子和老师做好交流沟通工作。对孩子不强迫不控制，平等交流让爱流动。

第三次咨询，反馈家庭作业：求助者自述这一周来焦虑情绪明显减缓，已经决定不再转学了，正在和学校协商走读的方式上学，中午在学校午睡已不再那么不安，可以入睡片刻，上课注意力也相对集中了。

通过家庭作业的分析使来访者明白，童年时与家庭的分离使他缺乏安全感，加上现实生活的事件使他产生了心理冲突，是错误观念导致他产生了不良的情绪和行为。安全感的缺失让他的性格有些依赖和软弱，随着年龄的增长，每个人都应该有能力独自去迎接各种挑战。

布置家庭作业：

1. 记录本次咨询对自己认知转变的启示，不断巩固新观念，将自己生活中快乐的事情及自己的优点和长处记录下来；

2. 正面积极评价自己，以增强信心，提高自我调控能力。

第四次咨询，反馈作业：陈某焦虑症状已经基本消失，在咨询师和家庭共同的努力下，来访者能完成家庭作业并看到自己身上更多的优点，独立生活和学习的能力均有提升。

做OH卡牌心理测试，结果呈现各项指标都在正常的范围。咨询结束。

处理结果

经过咨询，求助者有了明显的进步，咨询师及时对求助者的进步给予正性反馈和强化，帮助其将咨询中学到的认知方式、分析和解决问题的方法运用到日常学习生活中，用新的认知和行为模式面对未来的生活。

点评

原生家庭对一个人的影响非常关键。个体心理学创始人阿德勒说:"幸福的人一生都被童年治愈,不幸的人一生都在治愈童年。"在一个人的婴幼儿时期,父母的存在尤其母亲的存在代表着安全、温暖和欢乐,一个孩子对母亲的需要是本质性的、不可或缺、不可替代的。本案中的来访者在小学三年级时被父母以早日独立之名寄宿于学校,这个阶段求助者内心的惶恐无力到少年时期一直没有得到处理与疏解,来访者试图在与同学的关系中建立和获取这种安全感,然而,最后还是以失败告终。家庭中的缺失需要在父母那儿被看到、被弥补,成功的教育是家庭和学校共同努力的结果,缺一不可。陈某目前状态稳定,精神面貌较初访时大有好转,睡眠好转,焦虑情绪得到了控制。

案例四:我要协助儿子走出网瘾

接案时间:2019 年 5 月 5 日

接案方式:12355 热线咨询+面询

当事人基本情况

王某,女,私企会计,性格略显外向,育有一儿一女,夫妻关系紧张。女儿大学毕业,在外地工作。儿子现年 14 周岁,初三学生。父亲重男轻女,对儿子百依百顺,对家庭、对妻子,常以加班、有事为由,不管不问。曾多次想到离婚,后因考虑孩子的原因放弃。

☆ 事由概述

来访者自诉，最困扰她的是儿子平日喜欢网游，学习成绩一般，在进入新学期之前，能正常按时上学，只是老师布置的作业有时不能完成。然而，自 2019 年 1 月以来，因早恋问题，更加沉溺网络，不思进取，逐步发展到如今的厌学在家，已近两个月的时间。由于中考临近，夫妻二人极度焦虑，多次规劝无果，便请求学校班主任老师协助开导学生，不见成效。遂通过 12355 热线转介 12355 青少年服务台进一步寻求面询。

☆ 处理流程

第一次咨询。咨访双方进入摄入性会谈环节。

首先，咨询师提出："能给我讲一讲有关你孩子的故事吗？"来访者在耐心、抱持、真诚与共情的氛围中讲述着有关自己孩子点点滴滴的故事。

咨询师边倾听捕捉关键点，边整理着思路、发现问题，及时地给予点头、微笑和理解等积极的回应与情感的表达，鼓励来访者在故事讲述的进程中宣泄对丈夫的不满与抱怨、对儿子的担心与焦虑等，允许来访者不过分压抑自己为时已久的负面情绪。这样既缓解了其内心的压力，又做到了理解，让来访者感受到曾经缺失的尊重与认同，使其内心充满安全和温馨的滋养。随后咨询师为其布置作业：整理并记录自己对于孩子网瘾、厌学等一系列表现的真实想法和感受。

第二次咨询，来访者的脚步轻盈了许多，十分自然地进入第二次咨询环节。首先是检查分享第一次咨询结束前布置的作业完成情况，其次是根据咨询协议，利用空椅子技术、OH 卡牌心理投射技术进行心理咨询。通过让意识看见潜意识的呈现与具象化的过程，从中深层次地探索、获取问题发生的根源以及私密、高效、快捷有针对性地解决问题的方法。在作业完成情况分享过程中，进一步引导来访者站在孩子的角度去读懂和理解孩子的心理以及他内心难以言表的痛苦与纠结，懂得父母与子女之间的关系。

其次，确定第二次咨询的议题——"我要协助儿子走出当下的困境"，经过情绪评分、议题拆分（我、协助、儿子、走出困境），引导来访者呈现、体验自我成长历程。当请来访者分享自己父亲的故事时，其情绪波动较大，来访者情绪平复后，开始讲述父亲与母亲离异时带给自己的愤怒、不安和痛苦，懂得了为什么自己和爱人难以相处、教育理念不同；抱怨、指责丈夫对自己的不关爱、不体贴。更为严重、可怕的是将这种怨恨、指责甚至是未完成的心愿、期待都转嫁投射到自己两个孩子身上，导致女儿现在是大龄单身女性，儿子厌学网瘾，甚至频繁更换女朋友等等。咨询师再次引导来访者调整回归，与多年未见的父亲进行空椅子技术的情感链接与对话，接纳、承认父亲，真实表达对父亲的愤怒、怨恨以及思念情绪，请求原谅，感谢父母给予自己的生命。此时，来访者的情绪分值由起初的 8 分降至 3 分。咨询师再次布置家庭作业：多与自己的父亲进行链接，关爱父母，以此调整自己与爱人间的互动模式，从而带动孩子的行为改变。

处理结果

一周后，来访者的孩子答应上学参加中考。咨询师鼓励其不怕情况反复、沉住气,利用业余时间通过读书点亮自己的生活,在改变自己的同时,影响家人。如今,来访者夫妻关系改善,孩子已在高一就读,情况稳定。

点 评

家庭关系,是一个人日后社会关系的蓝图与人际关系的模板。在某种程度上,一个人与家庭的关系,也就是与父母的关系,会影响他们以后的社会关系的发展。能否处理好与孩子的关系,能否在孩子成年之前给予他们足够的理解与支持,是孩子健康成长的基础,也是送给孩子最珍贵的礼物。

案例五:焦虑的母亲

接案时间:2019 年 11 月 15 日

接案方式:12355 热线咨询

当事人基本情况

9 岁女孩的妈妈,曾经是一位幼教工作者。目前因为孩子的问题,全职在家。女儿在读小学三年级。

事由概述

这位妈妈拨打 12355 热线,诉说自己的孩子目前出现了很多行为问题。她曾经也是一位从教十几年的幼教工作者,虽然运用自己所有的知识和办法，但孩子的情况并未好转，反而越来越严重。她感觉自己面对孩子时无能为力。

她谈到几件事情：

1. 孩子偷拿钱物。孩子5岁左右在超市拿了一颗龙眼，幼儿园时把不属于自己的玩具带回家，上小学后偷拿家长钱包里的钱，偷拿同学的物品，上个学期一周内分别从她钱包里偷拿五百元，从她丈夫钱包里偷拿两百元。这让她非常愤怒和恐惧。她把这些行为的后果讲给孩子听，但发现没有效果，便带她去了未管所，在门口接受了工作人员的教育。

2. 孩子撒谎，狡辩，且面不改色，直到被揭穿后才承认，造成现在妈妈对女儿所说的话都持怀疑态度，不敢轻易相信她。

3. 孩子不完成作业，甚至期中考试的卷子只写完一半。老师对孩子不满，给家长造成一定压力。平时做作业磨蹭、拖延，说害怕老师，不肯动手。孩子提到转学，妈妈猜测孩子在学校一定因为各种事情导致人际关系不好。

4. 说到自己不上班，是因为她曾经带过的两个孩子平时缺少家长管教出了事，进了监狱，她很担忧，所以自己要回归家庭管孩子。

☆ 处理流程

1. 了解事件经过，澄清问题所在。来访者表述流利清晰。在她说到孩子拿龙眼的事情时，询问她对孩子的认知和管教方式。

在妈妈说到孩子非常胆大、谁也不怕、犯了错事后面不改色时，询问她家里是否有类似于孩子这种个性的、胆大、不怕事的人，她说是自己，讲述了她小时候的经历，对自己的评价是负责任、果敢，认为女儿这些方面并不像她。这个问题也让妈妈看到孩子性格的出处，使她对孩子在潜意识里多一分理解和接纳。

说到孩子不肯坐下来学习，磨蹭和拖延，和老师同学相处不好，询问是从什么时候开始的？妈妈回忆说学前班时会有坐不住、管教困难的情况，但刚上一年级时，一度很好。因为孩子"开朗活泼，爱表达，聪明伶俐"，老师让她担任很多班级职务，但后来发现女儿"我行我素，不服管教，有个性"后就不让她继续担任了。她觉得这个方面可能会对孩子造成一些影响。

随后还说到，当时因为孩子坐不住去儿童医院做了测试，结论是有注意力缺陷。但妈妈认为这些内容主观东西太多，她唯一信服的是"缺锌"可能会导致注意力不集中。当询问孩子是否只在听课做作业过程中不集中时，妈妈表示女儿看感兴趣的书也能一动不动坐一两个小时。所以，不能完全确定孩子是生理因素还是心理因素的问题。

2. 疏导情绪，澄清咨询目标。沟通过程中感觉这位妈妈因为孩子的问题非常焦虑，有强烈的愤怒和无力感。但她所有言语的指向是希望获得专业老师的帮助，给予她怎样管理教育孩子的方法和建议。就此，咨询师在和求助者沟通过程中，对她的焦虑情绪进行淡化，向她表达，这个问题其实是很多低年级小朋友都会遇到的普遍性问题，需要的是家长耐心，给予引导。向她表达孩子成长过程中出现一些行为问题也是很正常的，需要用发展的眼光看孩子，而不是盯死在一个地方，要找到孩子背后的心理需求，对症下药，问题会得到处理和淡化。

3.给予建议。母亲之所以会如此焦虑，很可能是放大和标签化了孩子的问题。因看到一些教养不当造成恶劣后果的例子，从而退回家庭，对孩子的问题过度关注，看似重视，并未积极解决问题。

因此建议母亲调整和孩子的沟通模式，寻找外力帮助，获得孩子内心真实的想法。同时，对可能存在的"注意力缺陷"等问题不盲目否定和排斥，从身心两方面给孩子提供更多的帮助，使其顺利解决成长阶段遇到的困难和问题。

处理结果

通过一个小时的电话咨询，这位妈妈焦虑情绪有所缓解，对问题的认知有一定松动，态度转向积极。

点评

此类问题具有一定的普遍性意义。缺失的父亲、焦虑的母亲和出现行为问题的孩子是很多案例中多次出现的。案例中父亲的功能是长期在外为家庭提供经济支持，忽视对孩子的陪伴养育，教养环境中大部分是由母亲和孩子构成，这使得母亲与孩子间更不易分化或形成更大的张力。

从某种意义上来说，这反映出一部分家庭养育环境的问题。母亲的焦虑看似由孩子的行为问题得不到解决而引发，但从另一个角度来看，孩子的行为问题也可能是在配合母亲本就存在的焦虑情绪，起到了放大的作用。建议母亲转移注意力或学习一些儿童发展心理学，扩大对孩子成长过程中会遇到问题的认知范围，缓解自己的情绪问题。

能和孩子进行更有效的沟通，找到背后的心理需求，从而解决淡化孩子的行为问题。

案例六："休学背后的"隐情"——隔代教育问题

接案时间：2019年6月26日

接案方式：12355热线咨询+面询

当事人基本情况

小平（化名），16岁，男生，幼时父母离异，家庭经济条件较差。性格内向，为人本分，胆小谨慎，成绩中上。

☆ 事由概述

小平由母亲监护抚养。由于母亲工作繁忙，平时都由外公外婆照顾，宠爱有加。小平的社会经验与独立生活能力有欠缺；对母亲和家庭有依赖和想反抗的双重性矛盾，情绪化冲动情况时有发生；与父亲的关系较差，其形象在他心目中不够"男子汉"。父母已经离婚多年，各自也没有成家，但是只要一提起孩子的抚养费等，就经常会吵架冲突。小平在学校与同学相处时产生矛盾，不愿意去上学，请假次数多了之后便休学在家，不快乐，经常发脾气，喜欢上网玩游戏。平时不爱运动，与父母、朋友交流少。最近一次母子间的冲突是因为是否去医院看病发生争吵，离家出走（两天后自己回家）。于是母亲拨打12355热线求助，经过转介来到12355青少年服务台进行面询。

☆ 处理流程

1. 案例分析。这是一个隔代教育紧密的单亲家庭孩子，父母的离异和后续的矛盾、家庭经济状况拮据以及长辈节俭的生活方式都对孩子幼小心灵造成影响。初次接触，感觉小平为人善良孝顺，斯文安静，性格内向，不善表达真实想法且胆小任性，人际交往缺少经验，青春期情绪化冲动明显，跟父母家人沟通少，脾气易被激怒，需要进行青春期心理健康、人际交往等方面的引导。

2. 建立关系，多方沟通。心理咨询师在家长的配合下，通过微信联系、电话交流和预约面对面咨询等多种方式，与小平建立良好咨访关系。通过多方沟通（跟家长、学校、本人等进行交流沟通），进一步了解其心理困扰产生的根本原因，发现服务对象受幼年家庭环境与隔代教养环境的影响，内心比较脆弱，抗挫折能力比较低。对之前的学习环境（班级）不满意，同学关系不好处，所以不想去上学，希望母亲同意他转学。咨询师根据服务对象的需求以及已经办理休学的现状和家长共同磋商解决的办法。

3. 发现闪光点，进行鼓励和引导。休学只是结果，但是休学期间的困扰和缺少引导的家庭环境，才是让咨询师与家长担心和焦虑的关键。当事人每天处于12小时以上的自由状态，沉溺于网络和手游。因此，咨询师邀请家长配合，设法转移小平过度沉迷网络游戏的注意力，鼓励当事人积极尝试学业专长，发展兴趣爱好。利用其美术功底好、学习能力强等优点，鼓励他在休学期间参与社会实践和公益活动。

4. 认知人际关系基础，建立人际关系等级，学习人际交往技巧。咨询师指导他要逐渐地改善与同学之间的相处关系，用自己的真心诚意对待同学。要养成不要对他人要求太多、期待太多,也不要让别人对自己期待太多的习惯,自己的内心需求既需要适时表达,更需要通过自己的努力来满足。

5. 帮助小平寻找家庭支持。在征得小平同意后,心理咨询师与其父母分别交流,希望父母多了解孩子的感受,多给孩子些家人的温暖。妈妈开始学习心理咨询师推荐的书籍,从了解青春期孩子的特点入手,开始跟孩子同频道交流。

处理结果

经过半年多的定期联系、应急处理和约谈等帮扶与跟踪维护等处理,目前小平情绪虽然还有波动,但趋于平稳。从不想去学校到主动提出计划下学期回学校学习等改变,达到了帮扶的初步效果。

经过一段时间的学习之后,妈妈发现孩子跟她之间的沟通变多,愿意说心里话,同时也主动提出重新回学校的愿望。

点 评

通常情况下,儿童、青少年从小由隔代亲人抚养,特别是离异家庭的孩子,与父母相处的时间不多,沟通渠道不畅,容易与父母形成心理鸿沟。父母离异的家庭环境以及离异后父爱、母爱的不健全对孩子的成长造成不利的影响,使其心理年龄停留在低于自然年龄的水平上,不善表达内心想法,不能善待情绪变化与愤怒,并养成长期压抑、逃避、退缩、敏感的个性。对此,需要在多方了解与调研的基础上,整合各种资源,从改善家庭人际环境入手,从发现和放大当事人的闪光点出发，运用积极心理学、优势视角等思维，为当事人提供定期关爱与帮扶的专业服务和针对性的辅导，从而达成促进当事人自我成长和身心健康的改变。本案例的成功，也体现了多维度帮扶的重要性。而咨询师耐心激发当事人自我成长的动机是促进改变的关键举措。

案例七：缺失的爱

接案时间： 2019年2月

接案方式： 学校转介12355青少年服务台

当事人基本情况

小燕子（化名），女，10岁，小学四年级学生，敏感多思又活泼开朗，善于察言观色，很讨人喜欢。目前与母亲、继父及继父儿子一起生活。成绩起伏不定，有啃手指的习惯，与同学关系有矛盾。

☆ 事由概述

2019年2月，小燕子的母亲来到12355青少年服务台寻求心理咨询帮助。她自诉姓杨，在老家时和前夫生了一个女儿，在她1岁时，和前夫离婚。目前重组家庭。

小燕子快7岁时来到现居住地，目前在家附近的小学读四年级，学习成绩不稳定，和班上同学的关系也不大好。前一周，不知什么原因，小燕子和几个同学发生了矛盾，有肢体上的推搡。班主任请了杨女士到学校，建议她带孩子做心理咨询。

☆ 处理流程

2019年3月初，杨女士带女儿小燕子前来咨询，经12355心理咨询师接待并初步评估，小燕子目前的心理状态属于一般心理问题，她表现出的行为状态与幼年时父母陪伴的缺失有较大关系；因为她是未成年人，建议母亲和她一起做家庭治疗。

经评估，12355为杨女士和小燕子提供了10次心理咨询。

一、咨询前期，咨询师主要通过倾听、共情的方式，尽量多地搜集来访者资料信息。

杨女士从小家里兄弟姐妹多，经济拮据，吃过不少苦。结婚后，发现前夫性格寡淡，不想要孩子，但杨女士想法不同，当她得知自己怀孕了，就坚持把孩子生了下来。前夫和婆婆看到生的是女儿，就对她和孩子不管不问，孩子1岁时，她和前夫离了婚，且不让孩子跟她。直到后来前夫再婚生了儿子，杨女士才去把孩子接回到身边，那时小燕子已经6岁多了。

前三次咨询时，小燕子在旁边仔细听妈妈讲述自己的经历，观察妈妈的一举一动。当妈妈出去上卫生间（有时是故意留空间给孩子说话），小燕子就马上坐到咨询师身边，绘声绘色地讲起自己的"身世"。外婆告诉她，她的生父有一次要打死她，所以妈妈和他离了婚。之前生父也不想要她，妈妈跑到野地里把她生下来，而不是在医院。小燕子说，妈妈离过两次婚。第一个"爸爸"姓李，两人生了个哥哥；第二个爸爸是她的亲爸，对她不好，经常拖欠抚养费，每月400元都不给；现在的爸爸（继父），对她好，要3块钱买东西会给5块。（咨询师问，多出来的两块钱是什么呀？小燕子答，是爱呀！）

二、咨询中期，咨询师主要通过镜映、积极赋义等方法来帮助小燕子提升价值感与自尊。

从第五次咨询开始，小燕子经常是一个人来咨询。咨询师安排她在咨询室里讲故事、唱歌、跳舞、玩沙盘和角色互换的游戏。她说，自己不想谈不高兴的事。

她最高兴的事情是妈妈陪她玩，有一次还买了蛋糕到她补课的地方，邀请同学们一起给她过生日。最难过的是妈妈不在身边，她要住到妈妈的朋友家去。妈妈的朋友家有两个男孩和一个女孩，她晚上就和那个女孩一起住，白天就和爸爸在菜市场的朋友的孩子一起玩。

在所有她独自面对咨询师的时候，她都主导着咨询进程，由她安排"玩什么"，分配角色，谈她想谈的。她还想邀请咨询师去她家，看她怎么孝顺父母，怎么炒菜做菜，并告诉咨询师全班同学投票选她当卫生委员，但不明白为什么同学会投她的票。她问咨询师：老师，你对我这么有耐心，是因为你受过训练吗？

三、咨询后期，咨询师主要通过谈论分离、提前预告、正式道别等方式，来处理彼此的分离焦虑。

到第七次咨询时，咨询师就开始预告，我们的咨询还有3次。小燕子总是不想谈这个话题，总是快速地想出"今天要玩的游戏"。她欢快地给咨询师表演才学到的歌，自己编的舞，自己写的歌词。她说妈妈从老家回来了，但在家里就一直玩手机，"好像手机才是她的女儿"。

在第八次和第九次咨询中,咨询师在角色扮演游戏中问小燕子:和同学的关系现在变得怎么样了?她说现在有很多的朋友,不用担心被别人欺负。咨询师还看到她的大拇指没有了被啃破的皮翻起,也了解到她的数学、语文成绩都有很大的提高。

最后一次咨询时,小燕子的情绪有一些低落。咨询师问她还记得整个咨询过程中发生的事情吗,她说自己不喜欢回顾,更愿意玩游戏。她默默来到沙盘前,摆出了好几辆赛车,从不同的跑道出发比赛,旁边有裁判、观众、公主为赛车选手加油喝彩。咨询师表达了对她的喜爱和敬佩,并正式道别,她也反馈给咨询师,说喜欢咨询师陪她玩。

处理结果

经过10次咨询和家庭治疗,小燕子更好地融入了家庭和学校,也有了很多朋友,行为问题得到明显改善。

点 评

此案例中,咨询师感觉自己只是做了非常普通的陪伴与情感回应的工作,然而却让孩子的"症状"有了很大的改变。

小燕子在一岁时就和母亲分离,与"性情寡淡"、重男轻女的生父、奶奶一起生活。从她想要通过一切办法来赢得别人的认可,以及对别人为什么会这样对待自己的疑惑中,可以猜测她在婴幼儿阶段没有得到抚养者稳定的、积极的情感回应,与抚养者之间的依恋关系是不安全型依恋,时刻担心自己会被抛弃,所以养成了低自尊、讨好别人的习惯。

6岁时,她又面临新的家庭、环境适应性问题,所以她内心特别的恐惧、害怕,时刻担心妈妈是否能接受自己,她随时在察言观色,讨妈妈欢心。当妈妈不在眼前时,她会用啃手指的方式来缓解自己的焦虑,遇到什么啃什么表明她的不安全感在口欲期(0-3岁)已经形成。

咨询师通过评估,确立了以积极的情感回应和积极赋义的方式,来帮助她重新长一遍的咨询思路。当小燕子提出一个个游戏要求,咨询师总是真诚、投入地跟她一起玩,由衷地赞美她的多才多艺、聪明可爱。在陪伴中改变自然而然发生了,同时咨询师把这个感受也和杨女士做了交流,建议她也可以尝试这样做,看看是否还会带来新的转变。

案例八:走出自卑的阴影

接案时间:2019年10月30日

接案方式:12355热线咨询+面询

当事人基本情况

小阳(化名),男,17岁,某职业高中一年级学生,读小学时父母离异,由母亲抚养。因母亲就业困难,现寄养在生父(已重组家庭)家,平时生活和学习表现上有自卑情绪,不太合群。

☆ 事由概述

2019年秋季开学不久,班上为数不多的能和小阳说上话的一位女生由于抑郁症从学校二楼跳了下来，所幸无生命危险，但给学校和班主任带来了无形的压力。10月28日，学校开运动会，小阳作为班级的旗手，由于身高与校服不匹配，在运动会开始前一天，班主任老师让小阳准备穿白衬衣上场。结果小阳现场穿的是平时白色的休闲衬衫，老师批评他，为什么不能让家里给准备好正式衬衫，委屈的小阳顶撞了班主任。班主任为赶运动会开幕时间，再加上沟通有点不快，就没有让小阳参加学校的运动会。

本就不太合群的小阳，离开了校园，之后老师打电话让小阳母亲接回孩子。小阳母亲说："和孩子通话时，孩子一边哭一边往河边走，后来老师因为孩子去河边就觉得他要做傻事，在老师看来，我孩子心理不健康，要求去检查，学校不敢继续留下他就读。"

☆ 处理流程

第一阶段：案例问题界定及需求分析。

以"人在情景中"的理论为依据，在接案与介入中，全面收集与小阳有关的心理、生理、社会等各方面的资料，并通过对其学校和家庭的充分走访，对小阳的基本情况有了比较清晰的掌握，对其心理状态进行评估，就小阳问题与需求进行分析。其中问题界定为家庭关系造成的个人自卑情绪影响占主导地位，老师缺乏有效沟通引发师生信任问题造成服务对象严重心理困扰，甚至被强化。小阳一是有被同学、老师重新信任的需求；二是满足家庭认同需求，努力促使服务对象有一个完整的家庭环境；三是心理疏导、健全性格优化需求，建立良好的心理应对模式，摆脱服务对象自我失败的角色设定，提高自尊获得感。

为此，咨询服务目标的设定，一是协助来访者顺利解决信任危机，有尊严地回校学习；二是改善社会人际交往，恢复融入家庭与社会功能；三是重新找回学习和生活的动力，共同制订并逐步实现"阳光"计划。

第二阶段：建立平等专业咨访关系，利用多方资源，集中为来访者服务。

咨询师在认知行为理论的指导下，较好地以调查者和引导者的角色介入，采用倾听和同理心的服务技巧，通过面谈和家访，逐步获得来访者的信任与接纳，从最初的怀疑到后来的主动交谈、求助，工作一点一滴地取得了成效。随后，咨询师通过与学校及时沟通和反馈，陪同小阳母子前往学校校长办公室进行了较为融洽的面谈，并和班主任对接，开始回到班级学习。

应用家庭疗法与家庭建立"同盟关系"。时隔一天，小阳母亲致电咨询师，"我感谢学校和老师给的机会，可我担心重新回去上学不知道孩子能不能面对无形的压力。"于是，在校团委的协助下，咨询师以专业的角色指导来访者及母亲建立平等、尊重、信任的关系。与此同时，运用同感和支持性进行沟通，通过对小阳的关心、交流，调节他的心理，了解其对自己的看法、目前存在的困难以及是否尝试处理过这些困难，追溯其情感经历、价值观、人生观，从而制订并执行计划。

开展个案心理咨询与辅导。咨询师在周末抽出时间再次见到小阳和其母亲，在交谈总结、相互分析的基础上，运用自信训练和果敢训练疗法，促进小阳思想、行为的改变，提供持续的服务，包括认知重塑、情绪情感自我识别与控制、意志力训练、不良行为纠正，培养解决问题和决策能力，提升自我控制与自我管理能力，帮助树立正确人生观等，最终实现助人自助，在学校学习生活中找回自己的健康形象和信任。

第三阶段：根据实际情况修改工作计划与干预模式。

来访者通过近一个月的适应，自信心增强，精神面貌与刚接案时相比有了天壤之别，特别是融入正常学习和生活中的小阳变得开朗起来。咨询师对原有计划相应地进行了调整，不失时机地肯定了他在家庭体系中做出的改变。母亲也抱着小阳一脸喜悦，"儿子加油，妈妈相信你是个男子汉。"

处理结果

通过一个月的努力，服务计划的各项目标均基本达成。母亲也开心地对我们说："有种雨过天晴的感觉。"

点评

在本案例的处理过程中，有几个关键的要素。一是理论模式有效对接来访者面临的问题及需求并良好运用，不仅可以有效破解服务目标与服务计划偏离、偏颇等难题，也对精准施策起到了积极的作用；二是资源整合能力日益重要。如在本案例中，小阳的许多问题需要各个方面、各个部门的共同协作，单靠咨询师的力量是难以解决的；三是家庭疗法视域下，在个案服务过程中，注重亲情与咨询师的帮教联动，促进困境青少年学生形成积极的社会价值观认知。

专题三 身心健康

案例一:"奶奶的画像"

接案时间:2019 年 11 月 5 日

接案方式:12355 热线咨询 + 面询

当事人基本情况

H 某,男,12 岁,小学六年级。H 某的母亲在 H 某出生前就染上了毒瘾,一直在戒毒与复吸之间反复,常常几年和 H 某见不了面。但 H 某很依恋母亲,和母亲关系不错。也因为母亲吸毒,在 H 某 5 岁时他的父亲和母亲离了婚,之后 H 某几乎一年才能和父亲见一次面,见面也只是简短地寒暄几句。H 某心目中的父亲母亲其实是他的爷爷奶奶,从他出生开始,爷爷奶奶就一直在他的身边照顾他。但在他 6 岁时爷爷患病去世了,家里的经济来源也一下子断了。为了抚养他,奶奶靠四处打零工养育他长大。

⭐ 事由概述

来咨询前两个月，H某的奶奶因病去世，H某一下子陷入了无家可归的状态。一位社会热心人士收养了他，让他得以继续上学。但因为工作忙碌，他的收养人也很难持续地照顾和陪伴他。奶奶去世的创伤在H某的心里就这样被深埋了下来。此后他上课时难以集中注意力，莫名其妙走神，甚至连上学都会坐错公交线路，但他却怎么也回忆不起来自己是怎样坐错了车。在学校他总是不说话，一个人发呆。他的状态变化让老师和同学非常担心，在老师的帮助下H某拨打了12355热线，后来到12355青少年服务台进行面询。

⭐ 处理流程

初始访谈阶段：

咨询师第一次见到H某时发现，他比同龄的孩子瘦小很多。他的裤子磨得有些发白，衣服上也隐约可见几个破洞。无论咨询师怎样努力和他谈话，他都很难表达自己的想法，只是一个人怯生生地坐在咨询师身旁。慢慢地，当咨询师用绘画和游戏的方式和他互动时，他才开始放松下来，讲述自己的学习、喜欢的老师和同学。但是关于奶奶的去世他只字不提，也从来不说学习上遇到的困难和自己的现状。咨询师通过一系列评估发现，现阶段最重要的问题是情绪表达困难，他很难允许自己接近内心的感受，很难表达负面的情绪体验。当咨询师和他谈及感受时，他总是回答不知道，陷入发呆和隔离的状态。似乎只有用这样的方式，他才能保护自己，不去面对奶奶去世给他内心带来的巨大情绪反应。但内心无法被表达的情绪，让他很难集中注意力学习。为了压抑内心强烈的情绪感受，他不得不让自己陷入隔离的状态里，这也进一步影响了他的人际交往和社会功能。通过评估，咨询的核心是帮助H某表达和缓解内心负面情绪，进一步处理奶奶去世带来的哀伤和创伤。

咨询干预阶段：

咨询的第一阶段是帮助H某通过多种方式表达内心负面感受，允许自己合理地释放内心情绪，从而达到缓解目的。咨询师在这个阶段采取结构式的咨询方式，从不需要语言表达的游戏活动开始，引导H某表达内心情感。在一次咨询中，咨询师跟H某讲了一个气球飞走的故事：小女孩有一个心爱的气球，但是有一天，小女孩不小心摔倒了，心爱的气球飞走了。咨询师引导H某一起画出小女孩此时身体的感受和心理的感觉，这样的游戏活动拉近了与H某的心理距离，让他在安全的氛围内，开始慢慢表达内心的情感。他告诉咨询师这个小女孩一定很伤心，因为她很自责自己没有保护好气球。也许她也会有点头疼，会感觉很无奈，只能接受这个事实。这是第一次他没有说"不知道"，开始表达内心的情感。此后随着咨询的进行，咨询师和他进行了多种多样围绕情绪表达的游戏活动，他开始能用第一人称讲述自己内心的感觉了，他慢慢告诉咨询师自己发呆的时候也会很伤心很紧张。在这个阶段的咨询中，咨询师也教授了合理地宣泄情绪的游戏活动，他开始在学校感觉紧张和伤心的时候运用咨询师教授的方法，释放内心的负面情感。慢慢地，他在课堂上更能集中注意力了。

咨询的第二阶段是在负面情绪得以表达和释放的情况下，处理奶奶去世给H某带来的哀伤和创伤。在咨询的最初，H某从来不提及奶奶，咨询师和他一起绘画，绘制自然四季的变化，引导他表达树叶凋零逝去的自然感受。通过这样的活动，他开始主动要求绘画，在他的画里总是有一个定格了的女性形象，他告诉咨询师自己在给这女性拍照。接着，他开始慢慢表达在给奶奶拍照，想要把美好的东西定格下来。咨询师引导他完成哀伤处理的仪式，一起制作了给奶奶的纪念礼物，他边流泪边用语言表达了对奶奶的祝福和爱，也不再害怕面对奶奶去世的事实了。

处理结果

通过8次咨询，H某的情绪获得了缓解。最后一次咨询中，他主动提出想和咨询师一起给奶奶画一幅新的画，他画了很多星星，并告诉咨询师，虽然他看不见奶奶，但是他与奶奶之间的爱像这些星星一样，不会失去光亮，也不会消失。他开始了全新的生活，更主动地和同学交流，也能专注地完成学习任务，还当上了班干部，更有自信地翻开了崭新一页。

点 评

随着社会的不断进步，青少年的成长所需要的不再是简单的物质满足，更多的是心理上的陪伴与支持。本案例的H某，从小生活在一个缺少心理关爱的家庭中，爷爷奶奶尽自己最大的努力给了他一个相对稳定的成长环境，但很难给到他心理上的支持和陪伴，这让他无法学会如何面对及处理自己的内心情感。为了保护自己，他形成了忽略自己内心世界的防御方式。在面对重大的创伤事件时，也缺少有效的社会支持系统。如何在这类青少年出现心理问题前，在社会、家庭中普及心理健康及家庭教育知识，让父母认识到有效陪伴孩子的重要意义及方法，也是今后我们工作的重要方向。

案例二：走出自我封闭的男孩

接案时间：2019年10月16日

接案方式：12355热线咨询+面询

当事人基本情况

小水（化名），男，13岁，初一，不太与人交流，性格孤傲，有一个8岁的弟弟。父亲长年在外工作，很少与孩子交流，妈妈独自带孩子，对小水几乎不怎么管理。

☆ 事由概述

家长来电称自己的孩子13岁，有过一次自杀行为（自己走到学校附近的楼上，有想往下跳的意愿，坐了半个小时后被人发现，劝了下来），后再无自杀行为。目前学习一般，每周总有少则半天、多则一两天不想去学校。有时是因为起晚了，感觉要迟到了，索性就不去了。跟人不怎么交流，看不起同学，认为他们没水平、没素质，同学叫他，他几乎不答应。

☆ 处理流程

初始访谈评估阶段：

2019年10月16日接到父母打过来的电话后预约见面，爸爸妈妈和小水以及小他五岁的弟弟一起前来。第一次听了父母和孩子自己的介绍，称当时不知道自己为什么就莫名地不想去学校，不由自主地上到了楼上，就觉得活着没啥意思，从这里跳下去可能就什么都结束了。问及现在怎么看时，来访者说可能不会这么想也不会这么做了，因为自己还有爷爷奶奶、爸爸妈妈，还有一个很喜欢的弟弟……建议其去看医生，做个医学诊断。后来医生诊断为中度抑郁、重度焦虑，建议服用一段时间药物。其间继续和咨询师交流。

咨询干预阶段：

接下来的三至五次，均讨论与自杀有关的话题，直至他完全放弃自杀想法和行为。主要运用语言和图像表达各种情形下的自我情绪和情感，其对自己和他人的情绪情感有了一定的认识，初步学习了如何表达，慢慢打开长期被压抑的自我内心世界，并开始讨论学习和考试问题。其内心认为：爸爸是遥不可及的存在；妈妈除了吃喝拉撒睡，没任何内容和思想；同学们都幼稚可笑，几乎不会和他们交流，没什么话可谈；有些老师的课上起来乏味，一个内容不停地讲，重复讲，没啥意思，还不如自己在家看书……认为自己学习比老师讲的好得多。

促进和巩固阶段：

做了几次心理游戏后，发现这个孩子擅长各种棋类，学习新的棋类速度也很快，能够一步看三步想五步，逻辑思维能力强。逐渐提升其对自身的了解和认识，发现其自身优势部分和不足之处，接纳、完善和提升自我。小水认识到"自己不学习也能会、也应该会"的想法是错误的，还得用心学习、听课，尤其是自己看书好像不如听老师讲学得快、懂得快，逐渐变得想学习，不落课，尽可能全天都参加学校课程，愿意克服困难，坚持每天上学。

处理结果

经过咨询后，小水发现了自身优势，提升了自信心，交往能力得到提高，可以坚持每天上学。

点评

孩子还处在生长发育和发展阶段，对自身和社会的了解比较缺乏，平时家庭教育不够，孩子遇到问题得不到家庭的支持，缺乏对解决问题恰当方式的学习，缺乏同伴帮助。咨询师从关心、关注孩子的内心需求开始，发现孩子的认知误区，通过同他一次次讨论自我学习和听老师讲课的差异，如何应对老师讲重复内容时的策略等，让其逐步认识到自我认知的局限性以及在学校里同步学习的好处，使其能够规划未来，将短期计划和长期目标相结合，进而适应社会，为自己期待的人生而努力奋斗。

案例三：被抑郁情绪折磨的男生

接案时间：2019 年 4 月 10 日

接案方式：12355 热线 + 面询

当事人基本情况

林某，男，15岁，初三，性格内向，话很少，经常情绪低落，有时会想到死亡，但没有尝试过自杀。

事由概述

林某从小家教严格，父母对其打骂较多。小学六年级因玩游戏被打骂后开始有反抗行为，与父母交流越来越少，甚至在饭桌上也几乎不讲话，回家后总是边看手机边吃饭，吃完后回房间，把自己隔绝起来。有个大十几岁的姐姐，但关系一般。由于很少跟家人交流，家人对他在学校的情况也都知之甚少，仅仅从班主任老师那里得知他在学校也有几个交往不错的朋友。林某曾说过想要自杀，父母也曾见他一个人站在窗口边，但觉得他是在要挟，并没有放在心上。

处理流程

1. 确定咨询目标，制定方案

林某的妈妈通过12355热线预约了咨询，当天准时到达。林某没有过多的言语，脸上看不出这个年龄段孩子的青春与活力。

林某的妈妈告诉咨询师，从六年级开始，她在家中与林某交流甚少，家人对他在学校的情况了解得也很少，就这样一直持续到初中阶段。有一天，林某忽然对妈妈说："妈妈，我怀疑自己得抑郁症了。"她才察觉到儿子的异样，但同时也倍感欣慰，起码能知道他心中的所思所想了！对于初中生而言，正处于青春期，与父母沟通较少。林某察觉到自己的抑郁情绪,愿意告诉母亲,证明其还有一定的求助意识,从内心深处来说是发现了自己的负面变化,渴望去寻求改变。

当林某推门走进咨询室,咨询师非常敏锐地发现了林某的紧张。他一直低着头,不自觉地来回揉搓自己的双手,彼此沉默了一分钟,后来在咨询师的鼓励下偶尔抬头看一眼咨询师。虽然寡言少语,但整个咨询过程中都表现得很配合。咨询师让他描述自己的问题时,他努力思考了一会儿后艰难开口:"我并没有经历什么特别的事情,但总是感觉心情低落,不知道是什么原因,常常感觉喉咙地方有东西,很不舒服(如鲠在喉,去医院检查了也没毛病),经常感觉没意思,什么都不想做,也会想到死,但没有尝试过自杀。"在谈到与家人的相处状态时,他的答案就是"觉得无话可说",一起吃饭时大家都不说话,吃饭也没啥滋味,吃完自己回屋写作业,然后玩会儿手机睡觉,但总是到很晚才能睡着,白天经常感觉没精神。咨询师通过了解其状态,判断林某确实存在抑郁的情况,但程度不是特别严重。对于林某的这种情况,在此次咨询中咨询师选择首先与林某建立关系,得到林某的信任,对其情绪表现了全然的理解和接纳,同时使林某对自己的情绪有一个全面的认识。

2. 缓解情绪,学习调整方法

随着彼此信任关系的逐步建立,林某开始展现出对于心理调整的积极性与参与性。这次咨询师借助心理测评系统,通过"菩提树"的训练互动带他做了放松和冥想。当林某放松心情开始接纳自己接纳他人时,咨询师开始深入主题,采用介绍说明的影响技术给他讲了抑郁情绪产生的原理:就像是戴着一副墨镜看世界,看到什么都是灰色的。

但并不意味着世界没有色彩,而是自己的心灵感冒了,暂时看不到。同时教给他一些调节抑郁情绪的方法,比如尽量多到户外活动,晒太阳、亲近大自然,先从照镜子开始练习与人对视,尝试放下手机,从现实世界中寻找力量等。当他确定还有这些方法可以帮助自己后,表现出很愿意尝试,在最后快结束时脸上有了一点笑意。

3. 体验生活,改变自我

在与林某的沟通过程中发现,林某在出现一些现实问题和不良情绪时,不知道该如何处理。虽然掌握了一些调节抑郁情绪的方法,但因为性格内向,依旧处处碰壁。为了进一步帮助其树立自信,咨询师开始主动发现他生活、学习中的每一处闪光点,看到每一次小小的进步,并约定每天晚上睡觉前相互发自己今天感到愉快的三件小事,教会他去体验生活,感受美好生活带来的小确幸,重拾内心的动力。

4. 从家庭着手,创造包容的环境

通过几次咨询,感到林某内向的性格跟母亲有脱不开的关系。林某的母亲也是个性格内向的人,不善于发现孩子情绪变化,长此以往的恶性循环也是导致林某抑郁情绪的原因之一。咨询师叮嘱林某的父母改变教育方式,在生活中主动表达关心,充分了解孩子的状况,营造良好的家庭氛围,帮助孩子逐步缓解改善。如果孩子表达出轻生的意向,一定不能忽视,要保证其安全,必要时向专业工作者求助。家长应主动帮助孩子寻求解决的渠道,但也不要过分焦虑,盲目贴标签反而容易把一般问题严重化。

处理结果

经过咨询后，林某的母亲认识到自己在教育孩子上存在的问题，自身也发生了积极的改变。亲子关系逐渐变得和谐，逐渐走出抑郁阴霾。

点评

孩子的个性特点与先天特质、后天培养均有关系。先天的气质类型无法改变，但后天的性格养成很大程度上取决于家庭教育。简单粗暴的管理方式容易使亲子关系僵化，也容易让孩子把自己封闭起来，没有渠道表达自己，久而久之也就不愿表达。长此以往，负面情绪郁积到一定程度就容易出问题。另外，某些"易感性人格"特质的人，在与外界压力交互作用时会使得个体更易陷入抑郁情绪或罹患抑郁症。本案例中，来访者看似没有经历什么特别的负性事件，但长期僵化的亲子关系和内向的性格特质很容易让不良情绪郁积。如果抑郁情绪没有宣泄的出口，向内投射后就会损坏个体内在的生命能量。长期下来，抑郁症的典型表现就会凸显出来。

案例四：因被贴标签引发的焦虑情绪

接案时间：2019 年 12 月

接案方式：12355 热线咨询 + 面询

当事人基本情况

求助者赵某，女，17岁，高二。衣着整洁，言语流畅，逻辑思维清晰。但情绪低落，意志活动无明显增强或减退，一直都能坚持学习，自知力存在，主动求治。人格相对稳定和完整，性格外向，无家族精神病史和遗传病史。

☆ 事由概述

赵某大半年前因曾有焦虑情绪去医院就诊，被某医院诊断为重度抑郁症，吃了大半年的药，没有明显效果，记忆力下降，情绪低落，经常一个人哭，偶尔有轻生的念头。马上又到了要去医院拿药的时间，但不想去医院，不想吃药，觉得吃药很痛苦。所以打电话求助于12355热线，希望得到一些心理上的帮助。经过评估，至12355青少年服务台进行面询。

据求助者主诉，家在县城，高中后自己一人到外地上学，现寄宿于阿姨家中。阿姨家境富裕，经济条件很好，阿姨的大儿子和媳妇都就读名校。赵某自述："阿姨及家人经常拿我和她读名校的儿子做对比，说我矫情，不如她儿子，近期还在背后说我是我妈的负担和累赘。"求助者自述，当听到这些时，瞬间有崩溃的感觉，内心受到了极大的创伤，甚至有轻生的念头，因此后来几天都没有回阿姨家住，而是在外住酒店。最近一周觉得烦闷、无力、孤独，不喜欢回阿姨家，不想见到阿姨，并因此怀疑自己存在的价值。求助者具有良好的自知力及求助愿望，近几天因和阿姨的矛盾冲突导致内心烦闷，焦虑情绪严重，想起给自己的评判就会泪流满面，不想继续寄住这里。自己也意识到是受了外界环境的影响。

☆ 处理流程

一、评估与诊断

来访者赵某在班上成绩名列前茅，深得老师和同学的认可。最近一周情绪不稳定，内心焦虑，严重怀疑自己，自信心缺乏，迫切想回到父母身边，不想再寄人篱下，不想每天放学回来就听到阿姨的唠叨。自己感受到了强迫和控制，内心非常压抑，希望能转学，获得身心健康的人生。

对该求助者的诊断：该来访者可诊断为一般心理问题——焦虑情绪。

心理状态的评估：来访者具有良好的自知力及求助愿望，根据病与非病的原则，该来访者的知情意协调一致，个性稳定，有自知力，主动求助，并没有表现出幻觉、妄想等精神病的症状，因此可以排除精神疾病。

对照症状学标准，该求助者表现出焦虑、烦躁、委屈、流泪等症状。从严重程度看，该求助者反应强度不强烈，反应也只是在阿姨的评判期间，没有影响逻辑思维，无泛化，没有对社会功能造成严重影响。从病程上看，焦虑的时间只有约一周，时间不长，可以排除严重心理问题和神经症性心理问题。

与抑郁性神经症相对照：抑郁性神经症表现为兴趣减退甚至丧失，对前途悲观，感到生活或生命本身没有意义，并且以上症状持续两年，且至少有三分之二的时间处于抑郁状态。来访者不具备以上症状。

与严重心理问题相对照：严重心理问题的反应强度强烈，反应已泛化，对社会功能造成严重影响，病程大于两个月。而来访者的心理问题并不严重，没有对社会功能造成严重影响，来访者认知能力强，因此可以排除严重的心理问题。

二、咨询目标

1. 具体目标和近期目标：降低焦虑、抑郁情绪，改善睡眠状态。

2. 最终目标和长期目标：完善求助者的个性，帮助其建立健全的人格。要让来访者在今后的生活中能运用建立起来的合理认知模式，克服遇到的困难，并以此促进求助者心理的健康和发展。

三、咨询过程

1. 第一次咨询：与赵某交谈，利用倾听、共情等技术给对方一个宣泄内心焦虑情绪的机会，并搜集临床资料。通过发问的形式帮助来访者澄清所述事件背后的真相与意图，使来访者能够更加清晰地了解自己，为日后的成长奠定基础。

家庭作业采取放松训练缓解求助者的焦虑情绪，并让来访者做认知家庭作业。请来访者回忆近一个月的情绪状况和想法。

2. 第二次咨询：讨论家庭作业，赵某同学对放松训练法的反馈："睡眠状况有所改善，心情较前一段放松了许多。"自述第一次咨询后，心情放松了很多，焦虑情绪明显减少；本来想第二天就回家或者继续到酒店入住不回阿姨家，咨询结束后可以面对阿姨；本来纠结要不要继续去医院开药服用，咨询后发现自己情绪稳定，决定不再依赖药物治疗，愿意以后继续通过放松训练缓解自己的负性情绪。

通过两次面询巩固了咨询关系。来访者在努力修正自己不合理的信念。

采取认知行为疗法帮助来访者认识症状产生和发展的过程，使来访者识别自己错误的认知观念。在咨询中帮助对方建立起正确的认知模式，不被外界贴的标签所左右。

布置家庭作业：把自己认为的不合理想法写在本子上，并写出合理的想法。平时觉察到自己不良的情绪升起时，把它记录下来，学习看到自己的情绪并会陪伴接纳自己的情绪，培养自己的觉察能力。继续完成放松训练的家庭作业。

3. 第三次面询：运用多种技术使来访者修正或者放弃原有的非理性观念，代之以合理的信念，从而使症状得以减轻或消除。

4. 第四次咨询：巩固前几个阶段治疗所取得的成果，帮助来访者进一步摆脱原有的不合理的信念及思维方式，使新的观念得以强化。

处理结果

赵某自述通过这段时间的咨询，心情平静了很多，通过放松训练的练习，自己在日常学习和生活中能更快速地觉察自己的情绪和念头，通过关注呼吸使自己平静，焦虑情绪基本消失，抑郁情绪也基本没有了，不再整天泪流满面。人际关系得到了改善，自信心得到了恢复，对未来有了新的认识，对自己的评价趋于合理。

点 评

本案例是一例学生因被亲人所贴的不合理标签导致焦虑情绪，因不被认可引发痛苦而作的咨询。根本原因是来访者的不合理认知造成的。通过合理情绪疗法和人本主义理论相结合，与来访者建立良好的咨询关系，改变其不正确的认知，使来访者问题得到解决。

咨询不足之处是，来访者对未来存在很大的误解，家庭成员给来访者带来很大的影响，虽然焦虑情绪在短期内得到改善，但需要来访者的坚持。

案例五：我想有好朋友

接案时间：2018年10月

接案方式：12355热线咨询+面询

当事人基本情况

小芳（化名），女，八年级。认为自己成绩不好，身上一点优点也没有，朋友特别少，几乎没有可以诉说心里话的对象，平时总是自己在一个僻静的角落里发呆。

☆ 事由概述

这个女孩把自己定义为一个没有能力、不受欢迎的人，慢慢地把自己的心灵封闭了起来。老师通过和小芳的母亲电话联系，了解到小芳在家很懂事，懂得帮助家人分担家务，但是有些自卑，当放学回家谈论学校里的事情时，她总认为自己不如其他同学，数学成绩不好，就认为是自己的智商存在问题。回家后总是抱怨自己没有朋友，有很多心里话没人去诉说。于是老师寻求 12355 热线的帮助，后来到 12355 青少年服务台进行面询。

☆ 处理流程

一、深入了解情况

通过面对面谈话和多方了解，发现小芳是一个特别自卑的女孩。虽然有一些缺点和不足，但她的身上还是有很多优点的，如爱好文学和阅读，写作能力很强，热爱劳动，体育也很好，而且总是默默无闻地帮助他人。

二、建立书信联系

通过书信联系，给女孩释放负面情绪的渠道，发现她身上的优点，用温暖的文字给她鼓励。"小芳，其实现在班级里有很多同学都很羡慕你，你温柔善良、朴实大方、善解人意、乐于助人的品格给大家留下了特别好的印象；你的写作能力很强，记得以前写的文章还在学校的板报上刊登过；热爱劳动的你，在每次班级大扫除中都作出了重大的贡献；乐于助人是你给大家留下的最大印象，每当有同学遇到困难时，你都能主动伸出友谊之手，给他人带去温暖……其实现在班级中有很多同学都想和你交朋友，只是你把自己封闭了起来，远离了同学们，所以现在一个人的你越来越孤独，越来越寂寞。"

三、给予改变现状的建议

1. 打开友谊的大门。友谊是人类最高尚最美好的情感之一，建立友谊是战胜孤独最有效的办法。打开心灵的大门，广交朋友，建立和发展友谊，就能从孤独的阴影中走出来。

2. 克己容人，助人为乐。交朋友时，不能只要求别人适应自己，而要自己主动去适应别人，做到"克己容人"。有一句名言曾说："找朋友的唯一办法是自己成为别人的朋友。"另外，我们还应该主动去帮助别人，在他人遇到危难的关键时刻，你能拉他一把，他可能终生难忘。

3. 多学习一些人际交往的技巧。例如，如何给他人留下一个良好的第一印象，如何确定交往的时间、地点、环境，如何了解对方的需要、心理状态和行为方式等。

4. 从小事做起。如建立自信，挑前面的位子坐；睁大眼睛，正视别人；练习当众发言；学会微笑，积极主动与他人打招呼；积极参加集体活动，如球类比赛等。

处理结果

咨询师通过适合的方式打开小芳的心结，培养她的自信心，教授其人际交往技巧。经过几次咨询，小芳重新认识了自我，变得更加自信了。

点 评

孤独感强烈的人往往性格内向孤僻、安全感差、缺少同伴、悲观抑郁、自信心不足，对青少年的心理健康危害极大。中学阶段是人一生中黄金时代的开端，不仅是长身体长知识的时期，更是帮助他们奠定科学人生观和世界观的有利时期。在这个时期，学生在心理上大体反映出过渡性、封闭性、社会性和动荡性四个主要特征。其中，在封闭性这一特征中，自卑又是中学生产生封闭心理的重要原因。现阶段，中学生自卑心理产生的原因主要是学习成绩差、人际交往能力差、家庭中父母的过高期望、家庭贫困和一些特殊家庭原因。古人说："独学而无友，则孤陋而寡闻。"我们应更多地关注青少年的人际交往问题，帮助他们消除在与他人交往过程中的孤独感。

案例六：青年沉迷赌博，心理援助使其重获新生

接案时间：2019 年 5 月 16 日

接案方式：12355 热线咨询

当事人基本信息

徐某，男，18 岁，某技工学校高二学生。居住农村，父母均为农民，收入不高，家里不富裕。

☆ 事由概述

徐某由于早熟以及心仪的女孩已经不在学校了等原因，现在失去信心和精神支撑，不想读书，整天与逃学的同学一起赌博。有时输了钱，他就想办法从家里偷钱去赌，三个月下来，输了近 5000 元。现在父亲还未发觉，他怕父亲知道后会很伤心和绝望，可就是无法摆脱染上的赌瘾，还想翻本赢回来，甚至想到过自杀。实在不知如何是好，于是拨打 12355 热线求助。

⭐ 处理流程

第一阶段：分析原因，予以告诫。

咨询师首先指出了徐某染上赌瘾的原因：因失去友情与爱情而放纵自己，沉湎其中并选择消极的生活方式。告诫徐某，这种方式绝不可取，友情与爱情永远尚在，只要正确对待，今后还会再有，如果自甘堕落，选择以消极的方式打发时光，必将毁了自信，导致一生无为，那就失去了重新拥有友情、爱情、成家立业的机会。告诫其不应沉湎于如今这种不成熟的想法，应当重新振作，珍惜光阴，不负青春。

第二阶段：提出具体戒赌措施。

指导徐某戒除赌瘾的办法：一要树立积极的学习和生活目标，作为戒赌的强大动力；二要培养自己健康的生活习惯，参与集体和文体活动，打球、唱歌，增加课外兴趣，也可用伟人事迹激励自己进步；三要远离喜欢赌博的朋友、同学，重新规划人生，并付诸实际行动；四要把苦恼如实告诉父母，希望家长帮助自己戒除这个恶习，制订戒赌计划，日后逐渐检查自己的承诺和计划的实施，以成功的喜悦激励自己取得更大的进步。

第三阶段：循序渐进，持续鼓励。

对于徐某，最重要的是塑造一种新的更有意义的行为来替代赌博行为。咨询师首先与徐某协商一个双方都可以接受的目标，其后分解成一个个小目标，请徐某在每次完成之后，都给予强化物（注：强化物能够提高某一行为的发生频率），通过一个个小目标的实现，最终完成理想行为的塑造。

另一方面，对于赌博行为，让徐某知道这一行为不是很容易就能消失，帮助他了解戒除赌瘾过程的艰难和反复。同时邀请他父母参与这一过程，既作为监督者，同时也作为支持者。

持续的鼓励后，徐某慢慢转移了赌博的念头，更多地参与到了课外运动和公益活动中去。课后与同学打球，加入高铁站公益组织参与服务，实现自身的社会价值；也体会到父母的不易，明白通过合法劳动获得的财富远比赌博得来的更有价值，树立了正确的价值观和人生观。

第四阶段：持续跟踪。

在之后的近半年中，咨询师数十次进行电话问询和回访，并配合家长一起帮扶徐某，不断予以心理支持，增强其戒赌的信心。

处理结果

经过几次咨询后，徐某接纳了咨询师的几点矫治赌瘾的合理建议，终于戒掉了赌瘾，并逐渐消除了心理障碍，成绩也提高了许多，还被评为优秀班干部。

点 评

青少年处于成长发展的关键期，价值观并未完全形成，具有较强可塑性。在此时期可能会产生一些错误倾向，例如沉迷赌博不能自拔。本案的处理中，咨询师将直接告诫和正向激励相结合，通过给徐某定下一个个小的目标，并进行正向激励，促使其逐渐转移目标，引导其正确价值观人生观的形成。对于有类似问题的青少年，社会力量也要多加关注，与当地社区联合，及时了解他们的思想动态，及时纠正，防患未然。

案例七：青春期的困扰

接案时间：2017 年 3 月

接案方式：12355 热线咨询 + 面询

当事人基本情况

小刚（化名），男，14 岁，初三，家中独子，父母长年在外打工。

事由概述

小刚的妈妈先拨打 12355 热线求助，说自己有几次发现内衣不在了，起初以为是自己粗心弄丢了，结果有次帮儿子收拾房间时，发现全在儿子的床垫下面。爸爸知道后，把儿子狠狠地揍了一顿。父母很担心儿子会不会是心理有问题。事情发生后，儿子情绪也不好，把自己关在屋子里不出门也不交流，父母非常担心孩子会出事。热线咨询后，决定把孩子带到 12355 青少年服务台作线下心理咨询。

处理流程

一、心理评估

青春期的性问题需要慎重评估，否则就会误给孩子贴上性心理障碍的不当标签。即使青春期的孩子出现一些性行为或性想法上的偏差，也需要先了解其根源。首先要找到青春期性心理发展和教育过程中的缺失，因为这些缺失会给孩子带来不小的影响。

本案例中，小刚出现了对性物品的偏好，但从反应来看，小刚对于这样的行为非常矛盾，对性的知识非常缺乏。因此，咨询师评估为一般心理问题。

二、确定咨询方案

1. 确定来访者咨询目标：希望能正确对待自己青春期正常的生理发育，解决对性的好奇。

2. 来访者心理的冲突问题：对青春期生理的正常发育缺乏基本常识，内心比较压抑，对外发展同伴关系也缺乏动力，对自己身体发育带来的性方面的感受，内心是慌张的，是不知所措的。同时，来访者缺乏有力的社会支持，寄养经历让其产生对正常情感的压抑，对自己的行为想法都有严厉的道德批判。

3. 初步诊断：一般心理问题。

三、咨询过程

第一次咨询。来访者刚到咨询室时比较被动，不敢开口，但治疗意愿还是很强的，问他问题，他基本上都愿意回答也愿意思考。

在反复沟通后，感觉来访者身体明显放松一些。交流过程中，咨询师主要是倾听，对其共情，进行性心理知识教育。

引导他倾诉从小被寄养在爷爷奶奶家时自己对父母的思念、寄养时各种不愉快的情感、在学校没有人保护的无助感觉等等。采用格式塔治疗的方式让他充分表达了对父母、爷爷奶奶的情感。

第二次咨询。主要是引导他了解自己有性的正常发育和冲动是很正常的事。

第三次咨询。咨询师对小刚的自卑感进行认知矫正，并教给小刚一些与人打交道的方法，去建立正常的人际交往。教给小刚一些日常的生活清洁习惯，养成有序的健康生活。

第四次咨询。咨询师对小刚的家长进行了一次单独咨询。让家长认识到这只是青春期可能出现的性心理发展问题之一。日常生活中需要加强与小刚的沟通和交流，尤其是爸爸，在跟小刚的沟通中需要承担起更多的责任。

处理结果

在第五次咨询时，小刚对自己的问题有了重新认识，道德的压力明显减轻，对青春期的性心理发展有了新的了解，与父母的关系也有很大的改善。

点 评

青春期性心理的发展对小刚这样的学生今后的发展会带来重要的影响。这个时期需要父母和学校特别关注，预防青春期性心理的问题更为重要。

家长不能一味地以行为不符合规范来指责孩子，这样反而会加重其问题。首先，父母要意识到孩子青春期的到来，提前与孩子进行青春期相关的性及心理发展方面的沟通；其次，在孩子的成长过程中，对于一些敏感的话题不是避而不谈，而应该正面引导。帮助孩子养成良好的生活习惯，特别是卫生习惯。

案例八：针对暴力侵害的沙盘治疗

接案时间：2017 年 9 月

接案方式：面询

当事人基本情况

李某，男孩，11 岁，小学五年级，寄宿。家中有父母、妹妹、爷爷奶奶和叔叔。父母带着小妹妹在外打工，他跟着爷爷奶奶和叔叔生活。

☆ 事由概述

2017 年，据爷爷叙述：不知道什么原因，孩子爸爸跟别人发生了经济上的纠纷，产生了矛盾，对方想要报复。报复的人到学校门口，拿刀捅了这个孩子。当时学校老师迅速制止了这个行为的继续发生，并拨打了报警电话，但还是在他身上留下了大大小小的伤口，这个孩子被随后而来的警车迅速送往医院。受到创伤后，他在学校里听到警车警报的声音就浑身哆嗦，一直发抖，不受控制地蜷缩在一起，很长时间不能恢复；跟同学们的交往也开始发生变化，躲在角落里不和同学说话；在学习上也受到影响，不能正常地学习。因此学校安排前来咨询。心理咨询师根据以上情况及来访者当时的状态，评估诊断为心理应激障碍。根据来访者的性格特点和年龄，决定用沙盘游戏疗法给他作心理危机干预。

☆ 处理流程

前来咨询的时候，李某也不说几句话，只打一个招呼，然后就开始摆沙盘游戏。初期摆的是原始人，原始人之间互相攻击；然后是恐龙之间的攻击、互相撕咬和打架；另外就是小兵人。这种互相攻击打斗，呈现出来的是他受到暴力伤害，对于他来说，通过沙盘游戏表现出来也是一种宣泄表达。

经过几次咨询，李某再到沙盘室后便摆出了生活场景。他摆出一个车展，咨询师问他谁会带他去看车展呢？他说是他叔叔，以前叔叔带他出去玩过几次。通过这次的沙盘游戏，体现出了他跟家庭的关系。

经过前几次的心理疏导后，李某释放了负面情绪，到后期的沙盘游戏呈现的，除了生活场景，还有平常在学校里学习的场景，例如老师讲课、他跟老师之间互动的场景，还有打乒乓球、篮球的场景。

处理结果

后期恢复阶段，在沙盘上呈现出了考试的场景，例如数学、语文考了多少分。他的整个身心状态有了调整，并且在积极恢复。后期了解到他和老师、同学的关系有所好转，学习方面也有很大进步，成绩提高了许多；和咨询师的关系也慢慢密切了，愿意更多地介绍一些他的情况，每次咨询完也会主动地说再见。状态比以前好了很多。

点 评

此案例是在 12355 服务台咨询室进行的面询。共给他提供了 16 次咨询和心理疏导，前后历时三个月。通过多次沙盘的摆放，了解到他心理的变化，根据心理变化进行疏导方案的调整。经过帮助，这个孩子从阴影中走了出来。在后期跟踪调查中了解到，他现在在学习和人际关系的处理上都比较稳定。

专题四 法治教育与司法保护

案例一：被猥亵的孩子更需要家庭的支持

接案时间：2019年10月16日

接案方式：检察院转介12355青少年服务台面询

当事人基本情况

夏某，男，13岁，学生，家庭条件优越，家庭成员包括父母和一个妹妹，性格开朗，爱好广泛，学习成绩优秀。

★ 事由概述

接到本案例时，已经是事发后两个多月了。

2019年3月份，新学期开学后，为提高成绩，家长给孩子请了一个在校大学生当家教。有一次辅导完功课后，天气不好，家长就让家教留宿一晚，和当事人住在一个房间。在睡到半夜时，当事人感到被家教触摸身体，感到不安，但没有反抗，随后发生猥亵。第二天，当事人感觉很不安，就跟家长说，以后不要请家教了，但是并没有说原因，这个请求没有被家长同意。

时间又过了一个多月，有一次辅导完作业，家教又以天气不好为由留宿，同样的事情再次发生，这一次当事人再次提出不请家教，可是妈妈不同意，才说出了实情。当事人让妈妈报案，可是妈妈认为与家教相处的关系挺好，就没有报案。

当事人对于家长的做法很不满意，感觉对自己的保护不够，于是有了情绪，学习成绩开始下滑，学习状态也不好。家长看到这些情况有些着急，在 5 月份报了案，家教受到了法律的制裁，但是当事人的状态一直不好，开学时，没有去上学，而是向检察院寻求司法保护。为此，检察院转介至 12355 服务台，寻求专业心理干预。

☆ 处理流程

本案共干预了三次。

第一次，心理状态评估。在本次工作中，主要是向当事人了解案发的情况、当事人的受害程度、心理伤害程度、当事人面对侵犯时作出的反应、当事人在事后的应对方式，评估当事人的风险。

通过第一次访谈，了解到了当事人受侵犯的过程及情况，当事人对自己被侵犯感觉很羞耻，心里充满愤怒，并且在事件发生后，当事人不能与男老师相处，心理感觉讨厌，不能与他们交流，后来就因此不去上学了。案发后，当事人首先想到的是报案，用法律的手段来保护自己的合法权益，但是家长没有配合，孩子也没有能力去报案。在这样的情况下，当事人用自己的方式来促使父母对这件事情积极行动，最后使犯罪嫌疑人受到了制裁，当事人对处罚结果持平静态度。通过评估，在面临这样的侵犯后，虽然心理状态受到了影响，但是当事人还在努力让自己好起来，暂时没有出现自杀自残风险。

在第一次访谈的时候，还发现案发后当事人与家长的关系出现了裂痕，尤其是对妈妈的意见特别大，甚至看到妈妈因为这件事内疚地哭却认为妈妈是虚伪的，充满了指责。

第二次，专业心理干预。在本次心理干预中，咨询师向当事人反馈了第一次访谈中看到的当事人的力量和为自己的权益作出的努力，发现当事人的积极心理因素，给予积极的心理暗示。这些工作之后，用"蝴蝶拍"的干预方法，对当事人进行了必要的心理干预，使当事人的心情有了好转。

第三次，家庭关系修复。在本案例中，当事人对家长处理问题的态度有极大的不满，与家长的关系出现了问题，需要对家庭关系进行修复。本次干预由妈妈和当事人共同参与。在整个过程中，通过家谱图呈现家庭关系，通过循环提问了解家庭的互动情况，看到妈妈和当事人各自的不容易，促使母子双方互相理解与支持。

处理结果

经过三次见面干预，孩子决定返校上学，并且参加了英语竞赛，能够正视自己经历的事件，基本上能够正常生活与学习，家庭关系有所改善。

点评

本次司法保护是基于一例猥亵案件。当事人是13岁的男孩子，具有很大的特殊性，对于男孩子来讲，可以看成一起创伤性事件。双侧刺激是很好的干预手段，在本案例中，首先对当事人的情况进行了评估，排除风险发生的可能性；其次用"蝴蝶拍"这种专业的方法对当事人心理创伤进行干预，使当事人的情绪压力发生了明显的变化；最后对于因事件导致的家庭关系破裂进行了修复，运用的是家庭治疗的理论和方法，用到了家谱图、家庭沟通模式等专业技术，促进了家庭关系的协调与和睦。

在创伤性事件的司法救助中，对事件中当事人的心理进行评估很重要，要避免因创伤性事件造成不必要的人身伤亡。创伤性事件的干预要用专业的技术和方法，干预过程中要对当事人进行共情与理解，要找到当事人可以利用的社会支持，找到爱的力量，避免给当事人讲太多的道理，同时要让当事人看到未来、看到希望。

案例二：帮教打架斗殴迷途少年

接案时间：2019年1月24日

接案方式：检察院转介12355青少年服务台面询

当事人基本情况

刘某，男，19周岁（案发时系未成年人），学生，寄宿，其余时间与父母在家居住，性格内外向兼具，情绪调控能力不强。

☆ 事由概述

未成年人刘某（以下简称案主）与一行人在一娱乐场所殴打他人，致三人轻微伤，并损坏价值近 2000 元物品。因涉嫌寻衅滋事罪，被警方刑事拘留，后被取保候审。案主符合被起诉条件，但作案时是未成年人，系从犯，因积极补偿被害人的经济损失而取得了被害人的谅解，同时具有悔罪表现，据此司法部门下发附条件不起诉决定书，设定考验期，指派青少年维权专员对其开展为期半年的帮教工作。

☆ 处理流程

本次帮教采用个案工作的方式介入，运用有关人类行为与社会环境的科学知识和专业技巧，通过专业关系的建立和发展，针对个人的特殊情况和需要，了解个人内在的心理特性和问题，以激发个人潜能，协助其改变态度，调整其与外在环境的社会关系，并运用社会资源来改善或恢复其社会生活功能，以解决案主的问题，增强和发展他的社会适应能力。

整个帮教过程以人格提升、资源拓展、优势激发等为总目标，进一步探究案主不良行为成因，解决其客观困境，为其提供关心爱护，协助其养成意识和习惯，并协助其掌握必要的法律法规知识、情绪管理方法，构建积极的家庭支持网络，最终帮助案主建立起自己内在坚实有力的动力模式。

通过个案会谈的方式，获得案主的相关背景资料及社会问题相关的生活史方面的资料；通过评估会谈向案主提出问题，达到能够作出具体决策的目的；通过干预会谈，帮助且引导案主作出转变。

其间，青少年维权专员对案主进行了14次一对一面谈服务。每次面谈，设定详细工作目标、严格工作流程，结束后对工作过程进行目标评估，并制订下次工作计划，使面谈工作规范、稳定、有序地推进。工作者从社会资源的拓展、良好意识和习惯的养成、情绪管理的能力、法律法规知识的加强、内在积极支持系统的构建、人格的完善等方面对案主开展帮教工作，各方面都有了不同程度的改变、提升，或开始有所觉醒，帮教工作取得了良好的效果。

同时，青少年维权专员带领案主走进学校，参加大型公益活动，旨在让其接触社会正能量，引导其学会做人、感恩社会，同时借此学习心理学相关知识，改变自己的认知观念，达到行为纠偏的目的。活动后，案主不无感慨地说：这是一次非常有意义的活动，以后会主动地帮助别人，发挥自己的光和热，为更多有需要的人贡献自己的微薄力量。

其间，根据案主反映的家庭关系差问题，工作者约谈案主父母，倾听他们在管教孩子方面的苦恼、困境、无助，并一起探讨用怎样的方式才能恰当和有效地应对孩子出现的种种状况。

其间，工作人员还不定期地多次与案主进行网络对话，倾听案主心声，疏解案主长期累积的负性情绪与由现实事件引发的困扰情绪。

处理结果

帮教工作结束后，服务工作并未终止。通过回访，案主生活、工作、学习状态一切良好，对生活事件的适应性显著提高。案主对近期一些事件的看法和认识都有了新的认知，一些不合理的信念通过自己的努力正在逐渐消除，能够形成较为清晰完整的自我形象。对于未来的工作、生活目标有了新的打算和规划，能够时刻提醒自己怀着对自己负责、为他人着想的心态面对每一天，人格得到了提升和完善。

点 评

以个案帮教的方式，由青少年维权专员对涉事未成年人进行监督、矫正，开展教育、感化、心理疏导等工作，促成案主认识错误和矛盾化解，帮助修复家庭亲子关系，恢复通畅的社交功能，使其更好地回归社会。整个阶段的帮教工作，使案主获得了关爱和教育，同时在预防和减少案主再犯罪方面起到了良好的作用。

案例三：警惕熟人性侵作案

接案时间：2019年7月2日

接案方式：司法部门转介

当事人基本情况

犯罪嫌疑人张某，男，小学文化，农民。

被害人李某，女，五年级学生，父母离异，跟随父亲生活。

☆ 事由概述

2017年至2019年3月，犯罪嫌疑人张某以买东西、玩手机等哄骗手段及言语威胁，对未满十二周岁的被害人李某进行猥亵，后被害人李某将情况告知亲属并报警。

☆ 处理流程

经对李某依法询问后得知,其被犯罪嫌疑人张某多次性侵后均受到语言威胁。被害人李某在受到犯罪侵害后精神状态低迷,觉得自己受到欺负,注意力无法集中,学习成绩直线下降。

同日,对李某的父亲依法询问后得知,李某的父亲与妻子离异,李某自幼跟随父亲生活,父亲靠送外卖维持生活,无暇顾及李某,李某日常生活主要由行动不便的奶奶照顾。李某的奶奶因孙女受到性侵后精神崩溃以致生活无法自理,瘫痪在床。一家的生活来源全部依靠李某的父亲送外卖维持,不仅供李某上学,还要为奶奶治病,生活状况极为困难。

承办人经询问被害人李某及其父亲后,高度重视,及时向检察院汇报该案,并联合区检察院为被害人申请司法救助。

经区检察院与团区委联系、转介,由12355服务台的心理咨询师对被害人李某进行心理疏导服务。心理咨询师初步诊断李某是创伤后应激障碍,并通过认知行为疗法纠正不合理信念,从而缓解李某的恐惧情绪,进而缓解李某的睡眠障碍。心理咨询师建议增加家庭系统、学校系统的支持,同时对李某进行赋能。

处理结果

团区委、区妇联、区检察院会同12355青少年服务台心理咨询师制订心理救助计划,定期通过心理沙盘游戏、意象对话等方式对李某进行心理咨询、抚慰和疏导，帮助李某扫除心理阴霾，最大程度降低性侵害造成的身心伤害。

点 评

性侵害案件大部分是熟人作案，且犯罪人会各种威逼利诱，恐吓受害人，导致受害人不敢向家人诉说。家长日常应对孩子进行预防性侵害的相关教育。同时，未成年人性侵害案件由于其特殊性，决定了不能仅从法律层面对此类案件进行处理，还要对被害人进行心理疏导。在诉讼过程中的心理测评和疏导不能一次性完成，在诉讼流程结束后应再次进行心理测评，确定被害者心理状态以及需要进一步心理疏导的关键点，定期跟踪回访被害人，检查其心理创伤是否康复，是否能够融入新的生活和学习。家庭的支持和陪伴是帮助未成年性侵受害人走出阴霾的重要因素。

案例四：学习控制情绪，避免冲动型犯罪

接案时间：2019年1月9日

接案方式：12355热线咨询＋面询

当事人基本情况

卞某，男，17周岁，中职在读，性格外向、冲动；

郑某，男，17周岁，中职在读，性格暴躁。

⭐ 事由概述

2018年，在学院宿舍内，卞某与郑某因琐事发生纠纷，卞某以为对方要打架，纠集二三十人在校门口，郑某看到对方有多人聚集，临时叫人应战。后共有三四十名学生在校门口附近参与互殴。在互殴过程中，犯罪嫌疑人卞某用水果刀致一人两处轻伤。案发后，公安机关对卞某、郑某以聚众斗殴案移送县检察院审查起诉。

2019年1月9日，卞某父亲拨打12355热线电话，希望寻求帮助。团县委接到相关信息后，第一时间与县检察院未检科取得联系，沟通司法保护事宜。卞某在12355青少年服务台接受线下心理咨询。

⭐ 处理流程

一、坚持少捕慎诉，实践"温情司法"

从表面上看，本案符合聚众斗殴构罪要件，但社会危害性值得探讨。双方参与人员均为在校未成年学生，并非典型约架行为。根据浙高法〔2013〕227号文件精神，结合案情，本案不按聚众斗殴对待，应当以故意伤害罪追究卞某刑事责任。团县委组织社工，会同检察院未检科一道，对双方积极沟通，一方面对卞某等人进行教育引导，使其深刻认识到自己的行为错误，督促他们赔礼道歉；另一方面联系被害人，释法说理，最终得到被害人谅解。因此对卞某以故意伤害作相对不起诉处理，建议公安机关对郑某作行政处罚，实现宽严相济的处罚方式。

二、启动临界预防，凸显"治病救人"

本案涉及人员众多，公安机关对其他参与人员中的25名作行政处罚。根据实际，该院选取其中 6 名作为重点临界预防对象，启动临界预防"代理妈妈"帮护机制。由"检察官＋"（即检察官＋代理妈妈＋亲情帮护心理咨询师）组成帮护小组，进行"多对一"结对预防。通过社会调查，并经监护人同意，先后由家长提交意向书、临界预防对象提交承诺书，与学校签订三方"共管"协议，制定临界预防具体措施，使其改变认知，重塑人格，消除犯罪隐患。

三、发出检察建议，助力"智慧教育"

该案中，学生双方前期有矛盾。团县委了解情况后，与县检察院沟通，会同检察院与学校教务处多次商谈，发送检察建议两份：一是建议该校结合"一号检察建议"健全校园安保、宿舍管理等相关制度，从源头上遏制校园犯罪；二是建议该校谨慎使用直接劝退处罚方式。

处理结果

经过检察院、团县委、12355 青少年服务台的共同帮助，该案当事人意识到自己的错误以及情绪冲动带来的恶果。通过心理疏导，学习了情绪控制的方法，以避免再次发生恶性事件。

点评

该案办理过程中，当事人家庭通过 12355 平台与团县委取得联系，团县委积极行动，取得了检察院的支持，促使检察院在法律允许范围内，运用不诉、临界预防、检察建议等手段，对涉案未成年人实行分级处遇，最大限度降低对青少年的伤害。后期通过心理咨询师介入，参与行为矫治、习惯养成、学校辅助等各种预防措施，对临近犯罪边缘的未成年人进行人格重塑，消除犯罪隐患。运用释法说理、心灵对话等方式，对涉案被害人进行心理疏导，促成民事赔偿，达成和解。

案例五：小豪的"新生"

接案时间：2018年12月

接案方式：区检察院转介12355青少年服务台面询

当事人基本情况

小豪（化名），职业中专高一学生，性格较为内向，从小学就被父母托管在老师家中；初中就读于寄宿制学校，只有周末回家。在成长过程中，与父母沟通相对较少，父母也很少关注到小豪的情绪。

☆ 事由概述

2018年，小豪同他人在某酒店内借故殴打被害人小石，并索要1300元，后小石的伤势被鉴定为轻伤一级。同年，小豪伙同他人多次在几家超市内盗取食品、日用品等物。区检察院未检部对当事人小豪以涉嫌寻衅滋事罪批准逮捕，后通过羁押必要性审查，变更为取保候审，对当事人小豪作出附条件不起诉决定，考察帮教期为1年。目前小豪表现良好，考察期内能够遵守相关规定，生活学习也较为稳定，区检察院未检部对其作出不起诉决定。

小豪原本朋友不多，同案人员小段系小豪在职高就读期间的同学。在案件发生时，小豪虽主观上没有加害被害人的想法，但因其性格内向，胆小怕事，在案发时觉得自己不去参与的话，也同样会被打，同时也有碍于朋友面子的想法，遂参与到该起寻衅滋事的恶性案件中去。

☆ 处理流程

区检察院向12355青少年服务台反馈小豪案例，建议12355青少年服务台共同参与小豪案例帮扶。服务台根据小豪的实际情况及其所处的困境，制定了一整套解决问题的行动方案。

第一阶段：全面调查

12355青少年服务台了解到小豪的情况后，与检察院未检部积极对接，持续关注孩子情况。在案件审查起诉阶段，引入司法社工，对小豪开展专业的社会调查。通过对小豪个人背景、家庭、社会关系等方面的调查，发现小豪的社会关系相对简单，交友途径不多，由于青春期渴望获得同伴认同的心理，参与到一些打架斗殴的案件中。小豪从读书开始多被托管于老师或寄宿在学校，与父母的沟通交流并不多，父母对其监管存在一定的缺失。加之小豪法律意识淡薄，对于一些不法行为多是害怕却未制止而选择参与其中，从而误入歧途。

第二阶段：心理疏导

小豪在案件办理初期尚未彻底意识到自己行为带来的不良后果，由于性格原因，产生了一定的焦虑情绪。团区委联合检察院未检部，通过与市社区心理志愿者协会合作，对当事人小豪开展心理疏导，帮助小豪逐渐打开心结，让他感受到父母对于自己的用心，愿意跟父母表达自己的情感。同时，在办理案件过程中，小豪也逐渐开始建立起与案件承办人员、对其帮扶的社工们的信任，感受到案件承办人员及司法社工的良苦用心，对于社工及案件承办人员的工作都会表达自己的感谢。同时，团区委联合检察院邀请心理专家对小豪的父母进行亲职教育，引导小豪的父母学会如何与子女进行更有效的沟通，如何帮助子女养成良好的生活和社会习惯，如何对子女的不良行为和隐蔽行为进行防范和矫治等，让小豪的父母了解到家庭监护、亲人的支持对于小豪重归正途的重要作用。

第三阶段：司法和解

在帮扶前期，通过案件经办人、司法社工对小豪及其家人的工作，了解到小豪及其家人都在积极地应对这件事，希望能够通过主动赔偿获得被害人的谅解，为小豪今后的帮教奠定条件。在本案司法社工的介入及司法机关工作人员的见证下，小豪与被害人小石进行了司法和解。检察机关通过对小豪进行羁押必要性审查，变更其强制措施，让小豪在接受了一定惩戒的基础上，得以取保候审，为后期的观护帮教奠定基础。

第四阶段：社会化帮扶

小豪在经历过此次案件后，对自己的行为有了比较彻底的认知。经过一系列的帮扶举措，其认罪悔罪态度良好，同时也希望能够回归正常的学习生活。团区委、检察院及参与帮扶的社工，帮助小豪重新回归校园生活，更好地融入正常生活。检察机关在综合多方因素后对小豪作出附条件不起诉的决定，考察期一年。

处理结果

经过多方联动,最终帮助小豪回归正常的校园生活。

点 评

附条件不起诉的涉罪未成年人是一个特殊的群体,他们需要各部门通力合作,整合心理专家、司法社工等各方面资源进行考察帮教。一是借力司法社工,了解案件成因。专业的社会调查是了解涉罪未成年人犯罪原因的基本手段。通过对其个人背景、家庭、社会关系等方面的调查,可以帮助检察机关了解案件成因,评估涉罪未成人的社会危害性,为下一步的观护帮教打下基础。二是引入心理干预,破解亲情难题。涉罪未成年人大多与父母的沟通交流不畅,父母对其监管存在一定的缺失。针对父母的亲职教育十分必要。三是社会化帮扶,重启人生旅程。可以通过与学校签订观护帮教协议的形式,帮助符合条件的涉罪未成年人重新回归校园生活,更好地融入社会。

专题五 其他类型

一、困难救助

案例一：积极上进的"瓷娃娃"

接案时间： 2017年10月

接案方式： 12355热线咨询+线下帮扶

当事人基本情况

刘某，44岁，自己和女儿小霞都是先天性成骨不全（"瓷娃娃"）患者。生活在农村，靠丈夫种地和收废品为生，家庭困难、生活无助甚至绝望。

☆ 事由概述

小霞的病遗传自母亲，母亲少年时期便因病失去了劳动能力，只能靠两个小板凳走路。父亲是一位农民，靠种地为生，闲暇时还会去邻村收些废品出售以补贴家用，一家生活十分贫困。

小霞曾经骨折过16次，第一次是在3岁时一次玩耍的过程中不小心发生的。2007年，小霞入读小学一年级，父母为孩子十分高兴。

可正当父母满心欢喜的时候，厄运却又降临在这个不幸的家庭……那天一大早，父亲把小霞抱到自行车上，送小霞去上学。路上，小霞一不小心，小腿被绕进了自行车轮子里，又骨折了。小霞父亲把事情告知本案求助者，求助者挪着板凳艰难地向前走去，当她看到孩子弯曲的腿时，泪水夺眶而出。此时她便隐隐约约地感觉孩子得的可能是与自己一样的病。她不知如何是好，内心深为绝望。

小霞被送进了镇医院，求助者的经济状况无力承担手术费，每天面对深受病痛折磨的孩子，父母心如刀绞，对未来迷茫而又恐惧。

☆ 处理流程

12355热线接到求助后，咨询师首先竭尽全力安慰求助者，并开始向社会求助，寻找能够帮助他们家庭的资源。

12355青少年服务台咨询师联合电视台《聚焦》节目的记者以及一位病友家属一起来到了求助者家。《聚焦》节目播出关于求助者家庭的报道以后，引起了社会上众多好心人的关注，他们纷纷来到求助者家，送来了牛奶、零食以及各种日用品，并为求助者家庭发起捐款。

社会爱心人士帮助小霞对接到了一个专门为脆骨病患者提供帮助的公益性组织——瓷娃娃关怀协会。该协会为小霞提供了全面的医疗救助，包括长期的药物、每季度一次去省立医院输液以增强骨密度等等。小霞的病一天一天好了起来，骨头越来越有韧性，骨折次数越来越少了。

凤凰卫视记者偶然间看到了报道，于是和瓷娃娃关怀协会一起联合国内脆骨病医疗专家去看望小霞。专家免费为其做了检查，并实施了髓内钉加固手术治疗。手术后小霞身体逐渐好转，并重返校园。

现在小霞已经成为一名中学生，学习成绩全校第一，画画、写字都很优秀。她一直感谢社会各界爱心人士对她的帮助，让她又进入了充满书香的校园，拥有了充满光明的未来！

"我最感谢的是12355的热线，是我妈妈第一次打通了她的热线，于是才有了我的生活翻天覆地的改变。我的梦想是努力学习，将来做一名老师，帮助更多的孩子学习文化知识，成为一个对社会对他人有帮助的人，把十年来社会带给我的这份爱和温暖传递下去。"小霞说。

处理结果

12355热线依然与求助者一家保持联系，随时了解他们家庭遇到的难题并协助解决。每年春节之前，都会邀请求助者全家和其他的服务对象一起，参加每年一次的残障人士年会。求助者为了供女儿上学，业余时间用手机在网上开起了微店，并且还时常拿出一定的积蓄作为爱心善款奉献社会，帮助更困难的人。

点 评

当一个人接受别人帮助的时候，他（她）就是一个处于弱者的角度和身份。当我们全社会行动起来帮助和陪伴他们走出人生低谷，重获希望和新生时，他们内心的感恩会让自己愿意成为一个帮助别人、主动回馈和奉献社会的人，他（她）就变成了一个强者，内心也就变得强大起来。

热线不只是在电话里为咨询者解决各种心理困惑，有些求助者的问题需要我们多次追踪，需要我们从线上走到线下，走到他们身边去，需要我们有足够的耐心和爱心，去整合社会各界的力量和资源，切实为他们解决更多实际的困难和问题，让这个社会越来越美好。

案例二：一米阳光，照亮前行

接案时间：2019 年 1 月

接案方式：社区转介 12355 青少年服务台

当事人基本情况

小昊（化名），男，12 周岁，残疾青少年，家庭生活困难。

事由概述

一岁时，小昊患上"婴儿痉挛症"，导致生活不能自理。2018 年，社区干部向 12355 青少年服务台反映了小昊家的困难情况，团区委积极对接区民政、区慈善总会，依托"雨露计划"对小昊家提供了帮扶。

处理流程

第一阶段：助力微心愿

12355 青少年服务台了解到小昊妈希望用省下的钱给穿"百家衣"长大的他买一身新衣服，针对这种实际情况，为小昊争取了一个微心愿的名额，希望以此解决小昊家面临的实际困难。

此外，12355服务台注重发挥新闻媒体的力量，得到了社会各界的关注，大家在为小昊妈点赞的同时，也纷纷伸出援手，送来了很多东西。爱心企业负责人还跟随12355服务台工作人员一同前往，将温暖传递到小昊一家人的手上。

第二阶段：助力康复训练

为了防止小昊的病情恶化，通过医院团支部联系到了康复科的青年医生并陪同上门了解小昊的情况。医生表示，家人可以给小昊做一些简单的康复动作，愿意为他们到医院做康复时提供便利。医生还向小昊的家人教授了简单实用的康复动作。

第三阶段：助力康复路

1. 了解到小昊妈在康复出行方面的顾虑，12355青少年服务台与其所在社区取得联系，对接到了一支由青年党员、退伍军人、商会等社会力量组成的爱心车队，每周义务接送小昊前往医院、阳光乐园做康复训练。

2. 社工积极为小昊链接资源，安排了志愿者定期上门带小昊下楼逛逛，感受他最爱的一米阳光，减轻小昊妈的压力。

3. 区民政局在了解情况后与楼道椅厂家取得联系，第一时间免费为他们在转角处安上座椅。

处理结果

小昊在悉心照料和坚持推拿下，身体状况已经有了很大的进步，会跟家人进行简单的互动。在小昊妈眼里，这是她一直努力坚持的原动力。

点 评

针对困境儿童家庭，12355青少年服务台整合青少年事务社工力量，建立"一户一档"的档案制度和联系反馈机制，在建立良好关系的同时深入挖掘家庭的需求，及时链接各方社会资源，提供个性化的服务，为困境儿童家庭助力。此外，还注重社会倡导，让更多的社会群体关注和关爱困境儿童群体。

二、恋爱婚姻

案例一：摆脱失恋的阴影

接案时间：2019年10月16日

接案方式：12355热线咨询＋面询

当事人基本情况

李某，女，21岁，工人，陷入失恋情绪中无法自拔，希望改善人际关系。

★ 事由概述

2019年10月，李某致电12355热线求助。2019年7月，李某与男友分手，心情一直处于非常低落的状态。李某向前男友表示对这段感情非常不舍，前男友希望她可以面向未来，生活是自己的，希望她尽快调整，不要再找他。自此之后，李某经常会不由自主地流泪。

李某因过度难过，服用了大量甲状腺药物想要自杀，陷入愧疚的情绪中无法自拔，责怪自己：对方已经开始新生活，为什么自己却还是抽离不出，感情深陷其中？这种状态已经影响了工作，做事无法专心，拖延且经常犯错。另外，李某的家庭境况不佳，有一个没有自理能力的姐姐和一个从小有心脏病的弟弟，她本人也患有甲状腺肿大的疾病，一直服药。

她非常希望能改变，希望心理咨询师可以帮助她渡过难关。心理咨询师了解情况后，建议李某把心里的不开心倾诉出来。她也可以通过做运动或听音乐等来转移自己的注意力。鉴于李某有自杀行为，建议其到12355青少年服务台进行面询。

☆ 处理流程

案主主动联系社工，表示内心挺纠结，状态时好时坏，身边很多朋友都关心、陪伴、安慰自己，陪自己散心，但还会有那么多负能量，状态已持续4个月。社工同理疏导如下：一是鼓励坚持服药，慢慢恢复身体健康；二是引导接纳，伤心难过是正常现象，给自己一段时间调整；三是鼓励不要放弃，身边亲人朋友及社工都会和她一起面对；四是再给自己一次机会，拨打热线求助，说明自己有很强的改变意愿，想解决问题，摆脱现状。既然已经联系到社工，就给自己一个机会，让社工和咨询师来帮助你。

心理咨询师给案主做线下心理咨询。咨询结束，咨询师向社工反馈案主曾有自杀念头与自杀行为，尽管没有发生恶果，但案主未能向咨询师保证日后不会采取极端行为，存在较大风险。建议社工同步沟通引导，必要时采取保密例外原则。

随后，社工引导案主面谈，案主倾诉如下：

一是患病导致情绪变化。以前自己挺开朗，自从去年患病后，情绪开始变化，容易消极抑郁，情绪持续低落。

二是诉说分手原因。与前男友快到结婚这一步，前男友母亲认为案主家庭多人患病，怕日后加重前男友负担，反对两人交往。

三是心理上放不下前男友。目前前男友的所有物件都放在一个箱子里，聊天记录全都保存着没删，不想看却忍不住经常翻看，做什么事都会想起前男友，但又很怕会遇见他。

四是曾经有心理调节经历。身边人的倾听、疏导很多，但感觉都没用，尝试运动缓解，效果不大，且坚持不下去。

五是状态持续压抑低落，兴趣减退，逃避社交，没法集中注意力工作。

社工同理疏导如下：

一是联想身边亲人，消减轻生念头。提及父母，案主情绪激动，担心父母的健康，以致伤心落泪。

二是分析走不出来的原因。案主把前男友看得过重，一直以他为中心，围着他转，缺乏自我独立性。一旦前男友这根柱子倒下，案主内心世界很容易崩塌，导致目前这般状态。

三是讨论维持现状后果。如果继续这样，将会给自己的生活工作带来何种影响。

四是引导正确恋爱观。如想日后恋爱顺利或婚姻美满，务必先调整好个人状态，独立自信。

五是引导案主作出改变。可把原男友的东西打包寄存，避免经常翻看，降低接触频率，丰富日常安排，充实自我，转移注意力。

六是建议到医院诊断，鼓励坚持服药。

七是获取紧急联系人信息。鉴于其有自杀倾向，社工询问了案主个人身份证信息、紧急联系人、闺蜜联系方式、家庭地址、工作地址等重要信息。

案主对社工的引导分析较为认同，从一开始情绪激动，不断落泪，到中途点头同意，再到后来笑着表示会尝试振作起来，采纳社工建议，下决心把之前计划要做的事都安排起来，把生活丰富起来。最后，社工问案主能否答应不再做过激行为，案主答应，并向社工保证做到。

案主主动告知社工，昨晚回来后，把能看到前男友的两个软件都删了，还让朋友帮忙删了朋友圈的相关信息。现在上班两小时了，还会忍不住想看。社工肯定了案主的行动力和决心，建议案主尝试一些替代活动，比如又想看的时候，就罚自己背5个单词，或给自己设限，降低频率，并向案主说明保密例外原则，如威胁到她的生命健康安全，社工将不再为其保密，要及时告知家人。案主表示自己保证不会有轻生念头或极端行为。

案主主动给社工发微信致谢，表示很感动。

社工电话回访，案主反馈：一是最近状态不错，参与了情绪管理的分享会。经过社工疏导、心理咨询师辅导、朋友的陪伴以及自己的努力，已逐步走出来，目前已能正常投入工作、生活与娱乐，也没有轻生念头。不过感觉还需要一段时间才能完全走出来。二是使用了社工建议的情绪日记方法，对排解不良情绪有很大帮助，很感谢社工。三是最近遇到新情况。前男友回来找自己，不知如何应对。但相比以往，已能比较淡定地处理，不再那么紧张。

社工肯定了案主的改变与进步，表示重大挫折需要一段时间调整与修复，这是正常现象，做好自身接纳，不用过于强迫自己。而面对前男友的主动联系，也能保持冷静理智，对比以往，已有很大进步，鼓励其继续努力。

对于面临的新困境，由于案主近期较忙，且线上辅导有限，社工表示待案主时间合适，再作安排。

处理结果

经过辅导后，案主已走出情绪低谷，暂无轻生念头，工作与生活已步入正轨，求助问题已基本解决，初步目标已达成。

省12355平台工作人员电话回访李某，询问其诉求是否解决及对相关工作人员的工作是否满意等问题，她表示现在已经好了，对工作人员及社工的工作给予满分的评价！

点评

婚姻家庭是人生的重要组成部分。恋爱约会则是步入婚姻的第一步，是双方互相了解的基础。现代年轻人容易走向两个极端，一个是对爱情与婚姻失望，不敢踏入；另一个是对爱情婚姻过于依赖，在两性关系中丧失自我。本案即属于后者。帮助青年人树立良好、健康的恋爱观、婚姻观、价值观，是共青团组织服务青年的工作职责之一。

独立自主，是良好关系的前提条件，这不仅适用于国家、民族之间的关系，也同样适用于各种人际关系。李某失恋导致个人生活的完全坍塌，失去了生活的动力，将个人价值与责任完全忘记，甚至想要自杀结束生命，就是因为在恋爱关系中过于依赖对方、丧失自我独立性导致的。而社工的耐心倾听、同理共情、专业指导及李某个人的积极面对与努力，都是该个案完美解决的重要条件。

案例二：这件事该不该和妈妈说？

接案时间： 2019 年 11 月 2 日

接案方式： 12355 热线咨询

当事人基本情况

女，16 岁，家在外地，寄宿制私立学校读书，高一。

☆ 事由概述

来访者初中开始在一所寄宿制私立学校住校读书，2019 年 9 月份，考入同一所学校的高中部就读，平时一个月回一次家，家人有时来探望。住校孤独，开学后，和班内一名男生关系好，慢慢发展成男女朋友。男朋友家在本地，学校单日休息时可以回家，来访者是每月最后的周末才回外地的家。男朋友关心来访者，常常给她带礼物或食品，后来两人有了性关系，最近来访者发现自己怀孕了，很害怕。男朋友的妈妈是医生，知道后，把女孩接回家里，打算告诉女孩的妈妈，共同处理这件事。女孩想让妈妈帮助自己，又怕妈妈骂，不想告知，很纠结，遂拨打 12355 热线进行求助。

☆ 处理流程

1. 了解来访者情绪，共情，建立咨访关系。

本案例中，来访者打通电话后，欲言又止，对怀孕的事情羞于启齿。咨询师耐心等待，给予抱持，来访者终于说了自己怀孕，不知道该不该告诉妈妈。咨询师继续抱持，给予共情，同时给来访者科普青春期心理和生理知识，青春期的男女生之间产生爱恋心理是正常的，也是来访者需要面对的现实问题，也反映出来访者孤独背后的情感需求。

2. 在共情的基础上，使用认知行为疗法，让来访者找到合理的思维方式，解决问题。

建立好关系后，针对来访者的问题，对其非理性观念进行干预，找到合理的思维方式解决问题。本案例中，咨询师询问了来访者对男朋友妈妈的感受，来访者表示感到很温暖，男朋友的妈妈很照顾她。咨询师肯定了作为长辈对晚辈的疼爱，共情了来访者对怀孕这件事感到羞耻、后悔的心情。来访者说想得到妈妈的帮助，就是怕妈妈骂。咨询师看到一个未成年人面对这样的大事，感到束手无策的无奈，询问这件事带给她哪些影响。来访者说现在不能上学，需要尽快手术，想让妈妈来。咨询师询问了来访者和妈妈的关系，来访者回忆了妈妈在另外几件事上给自己的帮助，表达了自己对妈妈的信任，想让妈妈帮助自己走出困境，又觉得妈妈不能接受自己怀孕，会觉得这种事情丢人，打她骂她。咨询师倾听、共情，帮助来访者找到不合理信念。

咨询师和来访者一起想象妈妈来了最坏的结果、最好的结果、最有可能的真实结果分别是什么。在谈话中，来访者的情绪慢慢好起来，声音高了，说话也快了。咨询师询问是否需要12355平台帮助解决，来访者说她可以自己解决。

3. 请来访者反馈自己的心情，告诉来访者12355的陪伴一直都在。给予来访者面对未来的信心和生活的勇气。

处理结果

通过以上沟通，来访者慢慢稳定了情绪，可以面对问题，想办法解决。

点 评

在青少年问题的咨询中，共情、理解、接纳是建立咨访关系的必要条件，在建立良好关系的基础上，认知行为疗法奏效往往较快，收效良好。青春期孩子的家长要明白，当孩子面对性和异性交往的困扰时，家长无须讳莫如深，面对"早恋"问题，应接纳理解其想"恋爱"的愿望，同时给予正确引导；其次，当孩子面临求学、未来社会角色等困惑时，家长可以给予行动上的支持；第三，制造和谐的家庭气氛，不拿孩子作攀比，欣赏鼓励孩子，这对孩子顺利度过青春期，健康成长成才都至关重要。

案例三：感情经历坎坷的女大学生

接案时间：2019 年 1 月

接案方式：12355 热线咨询 + 面询

当事人基本情况

小玲（化名），女，20 岁，学生，有三个姐姐一个弟弟，在乡镇长大，目前就读大专第三年。

事由概述

来访者小玲一心一意想找一位靠得住的男朋友，但不知为何，遇到的都不靠谱，不是利用她就是找她借钱，或者就是不与她认真相处，无长远发展之意。小玲心里清楚他们的目的，但当他们来找她时，她又总轻易接受，不由自主地跟他们建立恋爱关系，最后造成被欺骗和被抛弃的结果。自己总在被甩和重新开始之间循环，最近刚刚被前男友骗走了找工作的钱。小玲觉得自己很没用，是个失败者，在拨打12355 热线时含有明显的自杀念头，遂至 12355 青少年服务台进行面询。

处理流程

一、心理评估

咨询师评估小玲的问题，有明显的自知力、困惑，求助愿望强烈。虽然最初有些拘谨、紧张，但在咨询师的耐心引导下也敞开了心扉。总体思维清晰，言语表达清楚，情绪较稳定，无明显的睡眠、食欲及其他躯体反应。

二、确定咨询方案

1. 确定咨询目标：平稳情绪，自杀念头能够消失，在男女亲密关系上能够稳定和平等。

2. 来访者的心理冲突

（1）自我评价低。由于爷爷奶奶重男轻女观念的影响，小玲对自己的评价很低。她认为自己是没有价值的，不值得别人对她好，自己也不配拥有好的东西（包括情感），因此她不敢追求甚至接触优秀的男生。

（2）缺乏存在感。小玲成长过程中，缺乏家人的关心和照顾，让小玲一直都在寻找细致体贴的男生，并很容易被这类男生吸引，总是要和他们谈恋爱来证明自己是被爱的，自己是有存在感的。

三、初步诊断

来访者有自知力，痛苦与处境相符，无泛化，社会功能基本正常，可初步诊断为一般心理问题。

四、咨询过程

咨询师根据小玲在热线里介绍的情况，建议她面询，共进行了6次。

第一次：咨询师比较详细地收集了来访者的成长资料。来访者觉得自己不可能和优秀的男生在一起，对于条件好的男生，她内心很害怕，觉得自己配不上他们。以前交往过的男朋友都是细致体贴、迁就她的类型。内心里，她觉得那些男朋友虽然迁就她，但都没什么本事，无法给她更多物质和心理上的满足。

来访者的自动化思维是"从小就没人喜欢我"。家里有三个姐姐，父母没有时间管她,就把她放在农村爷爷家。但爷爷奶奶很重男轻女,忽视她的存在。直到初中才回到镇上父母身边,无论是生活还是思想上,与父母姐弟都无法交流,关系不亲。虽然自己拼命学习,考上了大专,但内心很空虚,经常觉得没有存在感,很孤独。咨询师指出她的自动化思维,来访者也承认确实是这样。最后设置咨询作业:觉察这种自动化思维的存在。

第二次:咨询师发现来访者的自动化思维是"自己是不被爱的",进而演化成一种价值观念"我不值得被爱"。与小玲讨论,她表示认同。咨询师采用认知疗法对自动化思维进行矫正,通过询问"你身上的优点有哪些?""有没有要好的朋友?""有人夸过你吗?怎么夸的?"等等引导来访者重新认识自己,发现自身优点以及周围人对她的爱,认识到"没人喜欢我,我不值得被爱"这些观念想法的不合理,形成新的正确的自我认知。

由于长年与爷爷奶奶同住,缺乏人际交往的技能和判断能力,被骗后仍然不懂得分辨,遇人不淑,咨询师后续采用行为疗法,帮助她练习人际交往技巧。

处理结果

通过心理咨询,小玲在看待自己、评价自己上有了更自信积极的态度。接下来她准备考本科,希望可以进一步提高自己。在恋爱关系上,她认识到自己变得优秀了,会遇到同样优秀的人,现在也愿意主动接触更优秀的男生了。

点 评

自我评价会影响人生的很多选择。一个自我价值感低的人内心是强烈自卑的，对自我是不接纳的，缺乏对自我的认同。正是由于不自信，才让小玲觉得自己配不上优秀的男生，不敢去追求，甚至觉得这是一件不可能的事。如果长期处于低自我价值感的状况，会产生抑郁情绪。小玲的坎坷爱情路让她完全否定了自己，感觉自己无用，产生了自杀倾向，这是十分危险的。此类情况需要引起重视，给予及时的关心和引导。

对于低自我评价的来访者，咨询师可采用认知行为疗法，引导其找出自卑根源，自我接纳、自我认同。帮助提高人际交往能力，这对他们在现实生活中改善人际关系，进而改善自我评价、改善情绪很有帮助。

三、社会参与

案例一：毕业求职焦虑

接案时间：2019年11月2日

接案方式：12355热线＋面询

当事人基本情况

李某，大四女生，安静、敏感，处于毕业求职迷茫期。

★ 事由概述

李某主动拨打12355热线反映：自己即将毕业，同学们都在各自父母的帮助下或者出国深造，或者面试找工作，而自己的父母却很冷漠，什么忙都不帮，觉得非常委屈。面试屡屡受挫，不知道将来能做什么，故前来寻求心理帮助。后到12355青少年服务台进行面询。

★ 处理流程

来访者专程从上海来咨询寻求帮助，提前半小时来到咨询现场，女孩外表时尚，看起来比较活泼开朗。咨询师先安排女孩进行沙盘摆设。

半小时后该女生完成了沙盘作品，通过沙盘解析了解到女孩目前处于四处找工作阶段，在应聘的过程中屡次碰壁，求职热情逐渐熄灭，感到困惑与迷茫。

咨询师通过倾听，了解到女孩从小生活在离异家庭，父母在她三岁的时候就分开了。她一直跟着母亲生活，父亲再婚并且生下了一个弟弟，已基本不再联系。她在找工作的过程中，看到别的同学的父母有钱出钱、有力出力，帮助孩子出国进修或找工作，而自己的父母不帮自己，当自己也想出国留学寻求父母的经济支援时，母亲似乎不愿出钱，找到父亲同样是被一口拒绝，都认为自己已被培养成大学生，该自立了。女孩感到愤怒和悲伤。跟同宿舍的舍友的境况比起来，感觉委屈。自己的父母比起别人家的父母差得太多了，越想心里越不平衡。

咨询时，通过认知疗法让女孩认识到自己的"某一信念"产生了偏差，才导致了自己的抑郁。因为这一信念是把别人家的父母作为一个标尺来衡量自己的父母。

女孩突然领悟到自己其实是要感恩父母的，不管怎样，父母给了自己生命并养育了自己，培养自己大学毕业，尽了父母的职责。自己应该自立自强而不是对父母再索取，要自信自己的能力，在找工作的过程中不断适应社会，找出自己的差距，再努力学习。自己不想成为父母眼里的"别人家的孩子"，当然也不能把父母定义在"别人家的父母"的框架里。

处理结果

在咨询结束时，女孩表示自己要精神独立，这才是独立的基础。同时，也变得可以理解父母的难处。

点评

我们的焦虑多源于内心的压力与不安。对未来的种种不确定滋生了内心的焦虑和恐惧。很多人被"毕业即失业"的思想折磨得苦不堪言，一面想在离开学校前不留遗憾，一面又希望迅速转换为职场新人的角色，在职场的赛道上疯狂冲刺，结果把自己弄得焦头烂额。

如果正遭受着"毕业焦虑"的困扰，那么就要直面恐惧，因为你越怕什么，越来什么。和你的焦虑建立一种新的关系，让这样的事件变成有趣的挑战，而不是痛苦的折磨。不去攻击或忽视自己的焦虑，而是尝试进入一个好奇的状态，从内部关注它，问它一些问题。

每个人都知道，不良的情绪对于解决问题一点帮助都没有，但没有办法摆脱坏情绪的困扰。事实上，你完全有能力掌控自己的情绪，前提是要耐心地倾听内心的声音。如果你意识到自己出现恐惧或焦虑的情绪，不要慌，先问问自己，你在怕什么？是什么让你感到恐惧或焦虑？

美国心理治疗师理查德·施沃茨博士提出，我们每个人的内心都有一些让我们感到焦虑和分心的噪音，这些声音让我们感到自卑，甚至错误地认为自己一无是处（比如，你会担心毕业后根本没有公司会聘用你），但事实上你比你以为的更出色。

案例二：害怕社交的公务员

接案时间：2017年6月

接案方式：12355热线+面询

当事人基本情况

郭某，男，26岁，公务员，出生于农村家庭，毕业后到某政府机关工作。

☆ 事由概述

来访者郭某自述，自己很害怕暴露在众人面前，总是担心会因为表现不佳或出错被别人嘲笑，一旦出现这种情境，情绪反应就会紧张得汗流不止，无法控制。自己也知道这样的紧张反应是不适宜的，但就是不能控制自己。这种情况一般出现在心情不好的时候，感觉放不开就越发局促，呼吸急促。有的时候，明明是一件好事，比如上台领奖，也会紧张得汗流浃背，无法控制。遂拨打 12355 热线求助，后到 12355 青少年服务台进行线下面询。

☆ 处理流程

一、评估

来访者在与咨询师的交流过程中，一开始显得很拘谨和紧张，但思维清晰，言语表达清楚贴切。来访者在情绪上较为稳定，在讲述个人经历的过程中显得有些激动和伤感，其访谈过程中的情绪反应和所描述的情境及事件具有一致性。他对目前困扰自己的问题有强烈的求治欲望，对形成此问题的原因也有一定的自知力。

二、确定咨询方案：来访者求治的目标，希望能在公众场合从容应对

1. 来访者心理的冲突问题。（1）强烈的自卑感。来访者在幼年期被赋予了一些超出他年龄阶段所应承受的责任，比如父亲的哀叹、父母的不和以及全家对他的厚望，给他的童年笼上了一层沉重的阴影。在这种氛围中他形成了一种不合理的认知，那就是"无论我怎样努力，我都无法达到别人的期望"。（2）缺乏自我认同感。在他努力奋斗的过程中，他仅仅是被赋予了责任，而未获得相应的支持、肯定和认同，导致其自我的评价也比较低，总是产生担心自己不行、别人不会认同我、别人会超过我等负面想法。

2. 初步诊断。求助者为焦虑型人格障碍。焦虑型人格障碍又称回避型人格障碍，此类人的特征是长期和全面地脱离或回避社会关系。他们回避社交，特别是涉及较多人际交往的职业活动，害怕被取笑、嘲弄和羞辱。自感无能，过分焦虑和担心，怕在社交场合被批评

或拒绝。

三、咨询过程

在第一次咨询中，来访者陈述第一次出现紧张、流汗的情况是在小学五年级时。他描述说："那是一次班干部选举，全班每个人都在投票，然后把候选者被选中的次数在黑板上加正字。当时，自己感觉紧张异常，出了一身大汗，这是印象中的第一次。"他表明自己当时的紧张并不是害怕落选，只是不习惯被暴露在众人面前。

在进一步的咨询访谈中了解到，来访者认为自己当时有一种自卑感，这与他成长的家庭环境有关。

咨询师经过分析，判断郭某的情况属"焦虑型人格障碍"，并针对他的情况，拟定了运用"自我肯定训练"和"合理情绪疗法"对他进行心理治疗的方案。

处理结果

一个月之后，来访者郭某向咨询师反馈，在咨询师的心理干预下，他坚持对自己进行训练和调整，其间他参加了单位的三次大型会议，其中有一次还上台宣读文件，另两次都在会上被提名，基本上已经克服了紧张流汗的问题。虽然有时候也会稍稍有些紧张，但经过自我暗示后马上可以恢复正常。来访者认为上述的心理咨询方案对解决自己的问题很有帮助，目前他不再像以往一样总是忧心忡忡，觉得整个人放轻松了很多，对建立新的人际关系也充满了信心。

点 评

　　人一旦长期陷入焦虑困境，就很容易被焦虑击溃，而疏解焦虑必须找到导致焦虑形成的刺激诱因。本案针对来访者自诉行为外表及心理内在的连动反应，挖掘出导致其"自卑"的早年原始成因，用"接纳自我"来突破"自我认同感"的缺乏。由于咨询引导方向的选择比较恰当，因而能很快引导出放松的心理感悟与行为表现。

机制创新篇

12355 实体化运作实践

《关于加强新时代 12355 青少年服务台建设的意见》（以下简称《意见》）提出：12355 青少年服务台要逐步实现实体运作。鼓励有条件的服务台注册以团组织为业务主管单位的民办非企业单位，或列入团属事业单位、"青年之家"平台，使 12355 青少年服务台具备政府购买服务项目竞标资格，争取财政经费支持，强化社会资源募集手段，探索"团组织管理＋机构运作＋基金支持"的事业化发展道路。

近年来，我国大力推进政府购买服务，将原本由政府承担的公共服务转交给社会组织、企事业单位承接，以提高公共服务供给的质量和财政资金的使用效率，改善社会治理结构，满足公众多元化、个性化的需求。《中共中央关于坚持和完善中国特色社会主义制度、推进国家治理体系和治理能力现代化若干重大问题的决定》（以下简称《决定》）指出：创新公共服务提供方式，鼓励支持社会力量兴办公益事业，满足人民多层次多样化需求，使改革发展成果更多更公平惠及全体人民。同时，《决定》还指出，在构建基层社会治理新格局方面，要"发挥群团组织、社会组织作用"。

《意见》中关于 12355 青少年服务台实体运作的相关要求是对《决定》在青少年公共服务领域的贯彻和落实，是治理体系现代化方面的实践和探索，有助于推动 12355 青少年服务台顺应时代发展，更好地为青少年及其家长提供服务。

早在 2011 年 10 月，始建于 2005 年的上海 12355 服务平台在团上海市委指导下，正式注册成立民办非企业"上海青春在线青少年公务服务中心"（以下简称"上海 12355 中心"），开始了实体化探索。十年来，"上海 12355 中心"的实体化运作，发挥了"稳方向、保经费、育人才、聚资源、严管理"的作用，切实推动了青少年服务和权益保护工作的发展。

一、坚持共青团主管，立足为青少年服务

"上海 12355 中心"的主管单位为团上海市委。从成立之初到 2015 年，均由团上海市委权益部直接指导开展工作。2016 年群团改革后，上海市社区青少年事务办公室与团上海市委权益部合并，组成上海市青少年服务和权益保护办公室，直接指导 12355 开展相关工作。

在团上海市委、上海市青少年服务和权益保护办的直接指导下，"上海 12355 中心"承担了大量青少年服务和权益保护的职能，面向青少年和家长开展心理咨询、法律援助、家庭教育等服务，协助开展上海共青团青春守护者计划、青春益友计划等项目，研发推广青少年权益保护文化产品，取得了较好的社会反响。

正是得益于团组织的直接指导，"上海 12355 中心"才能聚焦于青少年服务和权益保护工作，成为面向全体青少年和家长开放的综合性、一体化、一站式的服务窗口和平台，成为共青团直接联系服务青少年、实施服务项目的重要工作手臂，才能立足政治站位，切实发挥青少年

服务和权益保护作用，为共青团凝聚和服务青年。

二、依托政府购买服务，保障工作经费

在市级财政部门的支持下，"12355上海青少年服务和权益保护平台专项"作为政府购买服务项目，每年面向社会进行招标。依托政府购买服务的形式，"上海12355中心"能够通过自己的实力，得到财政部门专项资金的支持，保障了相关活动和工作的开展。

同时，通过政府购买服务，明确了"上海12355中心"相关工作的目标，并且进一步加强对相关绩效目标的考核和跟踪，对相关工作进行有效的监督和督促，提升服务效果。

三、打造专业队伍，培育青少年服务和权益保护人才

作为民办非企业，"上海12355中心"摆脱了"编制"的束缚，可以根据实际情况，结合人员特点和工作需求，灵活调整和设置相关岗位。同时，这种模式也为社会创造了就业岗位，增加了就业机会。

"上海12355中心"设有四个工作部门，分别为：办公室、网络宣传部、咨询服务部、项目合作部。办公室负责机构人事、财务、行政管理各项工作。网络宣传部负责青小聊网络公益咨询服务平台运营工作、对外宣传、互联网产品开发等。咨询服务部负责021-12355热线接听运营、面询实施、志愿者管理、业务督导等工作。项目合作部负责线下服务各项工作，包括12355青春守护者计划、公益交友、社区服务等相关工作。

"上海12355中心"目前共有专职工作人员11人，签订有劳动合

同。通过培训和锻炼，专职人员对于青少年服务和权益保护工作都有深厚的感情，能够投身于青少年服务和权益保护事业之中。较为稳定的专业队伍，也有利于相关工作的传承与发展，促进"上海12355中心"工作不断进步。

四、发挥组织独立性，凝聚社会资源和力量

作为在民政局登记的民办非企业，"上海12355中心"是独立的法人单位。在日常工作开展中，能够更加有效地发挥主观能动性，独立地与相关社会机构、个人开展合作，凝聚社会资源和力量，推动工作开展。

以"上海共青团青春守护者计划"为例，"上海12355中心"承担了其中的公益课程。在政府购买服务当中，市财政每年采购500场青少年权益保护相关课程，由上海12355中心免费送到基层、社区。

2019年，"上海12355中心"共开展了1055场课程，直接服务青少年及家长超10万人次。其超额完成的部分，即是依托民办非企业的独立身份，积极通过参与相关机构的招投标活动、与相关机构开展合作、争取公益资金支持等多种形式，获得社会资源和力量支持，从而开展的相关活动。

在凝聚社会资源和力量方面，"上海12355中心"开展了大量探索和尝试。在业务内容上，积极探索开展面向社会的公益服务、企业减压的EAP服务等。

在合作形式上，与相关机构建立个案转介机制，与学校等单位开展共建合作，积极参与业务相关的招投标等。在资源扩展上，加强与

政府部门的沟通，密切与相关社会组织的联系，积极与相关企业开展合作等。通过这些方式，进一步扩大了服务范围和影响，促进了中心相关工作发展。

五、完善内部建设，严格规范管理

虽然是民办非企业，但是"上海12355中心"并没有放松对自身的要求，严格对照团上海市委机关的各项规定，从严管理。

在组织建设方面，"上海12355中心"党员加入上海市青少年服务和权益保护办公室联合党支部，同团上海市委机关干部一起积极参加支部各项活动，发挥党员的先锋模范作用。

在运行机制方面，"上海12355中心"实行理事会决策、总干事负责的民办非企业运行机制，每年召开2次理事会议。根据《章程》要求，重大事项须经理事会同意。

在行政和财务管理方面，结合团上海市委机关要求和民办非企业相关管理规定，制定了一系列规章制度，严格规范管理。根据工作人员的岗位，设定绩效目标，定期开展绩效考核。按照政府购买服务和市民政局、团上海市委相关要求，定期开展绩效跟踪、绩效评价，每年开展审计和年检工作。

通过一系列内部建设，"上海12355中心"的相关工作更加规范，人员管理更加严格，工作开展更加高效。得益于此，在各项绩效评价和审计中，均能够保证严谨、细致，各项绩效指标完成率以及多方评价都较好。

"上海12355中心"在民办非企业发展的道路上，取得了一定经验和成绩，不过在市场化、社会化的过程中，还是面临很大竞争压力，比如相关经费仍显不足、社会资源调动能力有待增强等。

在团上海市委、上海市青少年服务保护办的指导下，"上海12355中心"将继续坚持民办非企业发展的道路，践行"凝聚力量、关注成长"的宗旨，为青少年成长和青少年权益保护事业贡献力量。

（共青团上海市委员会）

向网上去
——12355 多渠道回应青年需求

2020年4月，团中央下发了《关于加强新时代12355青少年服务台建设的意见》(以下简称《意见》)。为健全运转有序的工作体系，《意见》提出：**拓宽咨询接入渠道**。顺应网络新媒体发展趋势和青少年沟通交流特点，在传统热线电话的基础上，充分融合网站、微博、微信、小程序、短视频等新媒体渠道，优化12355网络程序和相关新媒体终端，提供电话、语音、留言等多种接入服务。与青少年聚集的互联网平台开展合作，把服务程序前移，嵌入用户界面，依托属地服务台建立个案干预机制。

"无人不网、无处不网、无时不网"是当代青年最鲜明的特征，开展12355工作，必须找得到青年身影，抓得住青年需求。习近平总书记指出：青年在哪里，团组织就建在哪里；青年有什么需求，团组织就要开展有针对性的工作。《中共中央关于加强和改进党的群团工作的意见》对新时期群团工作明确要求打造网上网下相互促进、有机融合的群团工作新格局。

拓宽12355咨询接入渠道，就是要从互联网上找到青少年，通过互联网服务青少年，依托互联网扩大共青团服务能力和影响。

2018年5月，共青团上海市第十五次代表大会召开，选举产生了新一届委员会，团代会报告鲜明提出未来五年上海共青团实施"坚定不移往社区走""坚定不移向网上去"两大战略，鲜明提出实施"大力推进新时代上海青少年发展工程，矢志培养和造就追求卓越的新时代上海青少年"，"大力推进新时代上海共青团建设工程，在改革攻坚中为党赢得青少年"。

在团中央权益部和团上海市委的指导下，12355青少年服务台上海台（以下简称上海12355）在原有服务的基础上，结合群团改革要求，坚持"向网上去"，努力推动服务平台向互联网方向转型发展，设置网络宣传部，拓宽咨询接入渠道，着重建设线上阵地，实现线上线下场景全覆盖，以提升服务能级来推动青少年权益保护工作不断发展。

一、建设"青小聊"网络公益咨询服务平台

上海12355历来重视网络空间的权益保护工作，为满足青少年在网络空间获得直接服务和权益保护的需求，上海12355在团上海市委、上海市青少年服务和权益保护办的直接指导下，于2017年探索开发互联网渠道的青少年服务和权益保护平台。

"青小聊"网络公益咨询服务平台于2017年12月5日正式上线，通过网站、微信公众号、小程序等，每日9：00-23：00为青少年及家长提供网络咨询、心理知识普及和测试等专业服务。目前，上海12355组织了300余名志愿者以2小时/次的服务基数上线开展志愿服务，鼓励志愿者随时随地上线服务。同时，上海12355设有专门工作岗位负责线上工作，通过微信群、后台监测等方式根据流量进行志愿

者发动、服务支援等相关工作。2018年，根据用户使用感受以及互联网发展、青年用网习惯等反馈信息，"青小聊"平台以"界面更友好、操作更便捷"为目标带动功能升级，于10月8日上线语音咨询功能，进一步提升服务能力。2019年，"青小聊"网站共接待咨询6379个。

"青小聊"网络咨询服务平台丰富了服务青少年及家长的渠道，满足了习惯于使用网络或者是不便于打电话的青少年及家长的需求，也突破了之前热线服务场地的限制，同时服务人数和服务时长都有所增加，提升了服务能力。正是依托"青小聊"网络咨询服务平台，上海12355在疫情爆发后，第一时间响应，2020年1月25日（大年初一）开始提供心理咨询服务，为疫情期间防控工作提供了重要支持。

二、加强网络空间的青少年服务和权益保护工作联动

为更好地服务青少年及家长，上海12355跨前一步，服务前移，积极与相关的互联网平台开展合作，建立服务机制。在团中央权益部的支持和帮助下，上海12355探索与哔哩哔哩建立了服务维权工作合作机制，从发现、受理、处置、跟踪等多方面形成工作合力。一是依托其客服系统，建立直接咨询机制。哔哩哔哩在其客服系统中以"能量加油站"名义设立咨询服务入口，当在线客服判断来访者有相关咨询意向后，将来访者在客服系统内转接给上海12355咨询师，由咨询师进行相应咨询解答。二是建立个案处理合作机制，依托团中央权益部建立的转介机制，及时发现、介入和处理全国范围内的青少年用户群体中的特殊个案。目前已处理多起青少年危机干预等特殊个案。三是开设"12355青小聊"UP账号，开展相关服务。通过"12355青小

聊"账号，开设"树洞"栏目，结合重要时间节点，围绕社会热点话题，征集青少年心理咨询需求，安排咨询师及时答疑解惑。

上海 12355 与上海的家校 APP"晓黑板"进行合作。平台心理咨询志愿者在"晓黑板"APP 上就家长较为关心的话题开展直播，普及家庭教育知识，及时回应和解决家长关心的问题，引导家长有问题求助上海 12355。上海 12355 还向"晓黑板"提供青少年心理健康和家庭教育的原创内容，进一步推动相关知识的宣传普及。

与互联网企业的合作，帮助企业履行社会责任，拓宽了上海 12355 的服务渠道，进一步挖掘了青少年和家长的需求，进一步提升了服务能力。

三、推动线上线下场景实现全覆盖

上海 12355 在落实"向网上去"，向互联网转型发展的过程中，不仅仅是围绕互联网开展工作，还注重立足于线下优势，推动线上线下的整体互动。

2011 年 1 月和 2013 年 7 月，上海 12355 分别开通官方微博和微信。2019 年，上海 12355 又在抖音和哔哩哔哩开通了相关账号。在工作过程中，上海 12355 加强对热线和网络咨询相关数据的梳理和分析，及时发现青少年及家长集中的问题，结合开学、中高考等重要时间节点，依托相关平台，以原创文章、视频等形式，有针对性地普及相关知识，达到提前预防的目的。同时，再通过网络宣传，进一步扩大上海 12355 的影响，让更多青少年和家长知晓，有问题求助 12355，形成服务闭环。

自 2017 年开始，上海 12355 整合服务项目，形成"青春守护者"品牌，开展线下公益课程服务。2019 年，共开展线下课程 1055 场，直接服务青少年及家长 107478 人次。受疫情影响，结合"向网上去"，上海 12355 进一步探索将线下优质课程资源以录播、直播等形式，依托一直播等平台进行传播，实现线下资源向互联网转化。

作为直接服务青年、回应青年需求的专业服务平台，上海 12355 还嵌入"青春上海""萌动上海"等团属新媒体，一键点击方式便于青少年及家长直接获取服务的同时，对团属新媒体扁平化联系青少年形成工作支撑。上海 12355 也积极服务"暑托班""名校长大讲坛"等共青团服务品牌工作，延展项目服务线上、后续服务支持，形成了上海共青团利用互联网手段为青春期青少年及家长提供服务的矩阵式格局。

此外，围绕青年婚恋的服务需求，上海 12355 结合上海共青团青春益友计划，开设了"青春益友爱情总局"，以线上线下服务相结合的形式，推动青年婚恋工作。

（共青团上海市委员会）

机制创新篇

浅谈运用新媒体拓宽 12355 咨询服务渠道

浅谈运用新媒体拓宽 12355 咨询服务渠道

《关于加强新时代 12355 青少年服务台建设的意见》指出，在传统热线电话的基础上，充分融合网站、微博、微信、小程序、短视频等新媒体渠道，优化 12355 网络程序和相关新媒体终端，提供电话、语音、留言等多种接入服务。《意见》出台，为团广东省委运用新媒体拓宽 12355 咨询服务渠道理清了思路，提供了重要参考。

一、服务现状及困惑

2017 年 8 月，团广东省委开通了全省统一接听的 12355 青少年综合服务热线。运行两年多来，平台共接听青少年来电 53.7 万通，日均通话量 820 通，线下服务青少年个案 2400 多个。可以说，在运用传统热线电话服务青少年上取得一定成效。但在运用热线服务青少年过程中，团省委存在三点疑惑，也正是这三点疑惑，坚定了其运用新媒体创新咨询服务方式的信心与决心。

一是经过问卷调查及个别访谈，不少青少年表示习惯用网络来咨询，不愿意拨打电话。如果我们仅提供电话咨询，意味着部分青少年我们无法触及。

二是基于香港青年协会调研发现，网络咨询需求逐年递增。该协会"uTouch网上外展辅导服务"平台，每年受理电话热线及网络服务约26万人次。在电话咨询量每年以7%的速度递减的情况下，网络咨询却持续8%以上的速度递增。

三是线下宣传成本过高，由于资金紧缺，无法进行大规模线下推广，运用新媒体宣传成本低且收效快，是比较好的宣传推广方式。另外，新媒体咨询也能与电话咨询起到互相引流的作用。

二、新媒体咨询探索

有鉴于此，团广东省委探索推进新媒体咨询服务。

一是开设12355网络咨询，延伸服务手臂。依托"粤省事"平台，开设"青少年心理"小程序，组织心理咨询师、医生医护志愿者在线"一对一"提供疫情防控、心理咨询等咨询服务，并实现网络咨询与电话咨询的互相转介。上线仅7个月，共计解答青少年咨询70402个，现日均咨询量500个，服务满意度达到99%。为优化用户使用体验，与数字广东公司共同探索小程序互动聊天界面，并且IM组件随版本实时自动迭代更新，使青少年时刻体验最前端产品。

二是创新使用云技术，有效整合全省服务资源。由于受地域限制，以往心理咨询师服务资源只能在省台现场办公，广州以外的心理咨询师资源无法调动。团省委依托省12355热线、"青少年求助"小程序及线下服务阵地，运用云技术有效整合社会心理服务资源，面向青少年提供心理疏导服务。采用"坐班+云坐班"模式，安排部分心理咨询师在场外通过电话"云坐席"及小程序提供服务，并将服务时长延长至"7×24"小时,既最大限度减少人群聚集,又确保咨询服务质量。针对疫情期间线下心理咨询个案难以登门处置的情况,组建省级心理咨询专家团队,对心理危机青少年提供"一对一"线上服务,实时跟踪并提供必要干预服务。

三是与平台合作,实现青少年用户引流。广东12355网络咨询分别入驻"粤省事"广东移动政务服务平台、"广东共青团"微信公众号、"12355青年之声"微信公众号、腾讯"成长守护平台"微信公众号等平台,切实提高了用户访问量,并依靠自身优质服务质量留住青少年用户。

(共青团广东省委员会)

提升能力 优化服务
争取党政职能部门长期支持

2019年1月，南京12355青少年综合服务台被正式确定为首批全国12355区域中心。在此基础上，江苏全面推进省市共建南京12355服务平台，积极承担全国12355区域中心建设任务，发挥区域化优势，立足南京本地，服务江苏全省，辐射周边区域。在建设发展过程中，南京12355通过社会化运作，开发工作项目，积极参与政府服务购买。

一、提高公信力，让广大青少年"想得起"

12355是共青团开展青少年权益服务的公益短号码。成立之初，南京12355抓住重大会议和国际性赛事的契机，积极参与政府服务项目。

2008年，作为第四届世界城市论坛多国语言呼叫中心，为各国嘉宾提供多语种信息资讯、在线翻译等服务。2013年，作为青奥、亚青会志愿者呼叫中心及志愿者减压中心，提供志愿者报名、咨询及减压服务。2014年，承接全市困境青少年保护热线，为全市困境青少年提供服务保障。2015年，南京12355青少年综合服务台升级为南京12355青少年综合事务中心，同时成立"南京小青柠青少年服务中心"民办非企业单位。2016年5月1日，南京市未成年人保护条例正式出台，南京12355通过政府购买服务，成为全市未成年人保护热线，7×24小时人工在线，提供有关未成年人保护的求助、咨询、投诉和建议服务。2016年至今，南京12355作为全市未成年人保护热线，积极整合未保办各成员单位、市区级未保中心等资源，形成统一受理、分类协同等标准化服务及工作流程。同时，组织开展各类青少年公益主题活动，使得12355的公信力和社会知晓度不断提升。

二、提高竞争力，让自身能力"靠得住"

南京12355利用好省市共建及市青少年宫建成的机会，在线上线下、软硬件、品牌项目、服务保障等多个方面，不断加强自身能力建设。

一是拓宽线上服务渠道，实现一体化平台服务。在保证现有热线24小时人工在线服务的基础上，借助南京市新青少年宫智能化建设，升级改造现有软硬件设施，建设12355网络咨询平台，提供在线服务。同时，整合部分专业化志愿者（心理+法律+社工+教育）组成专业志愿者服务联盟，开展线上服务的同时，延伸线下活动。

打造"12355阳光行动"整体项目概念，整合省内各领域专家，组建成长导师团队，开设网络直播课程，围绕青少年心理健康、法律援助、安全自护、未成年人保护、网络成瘾、校园欺凌、校园暴力、禁毒防艾、预防性侵、家庭教育、亲子关系、情绪管理、青春期早恋、职业规划等方面，形成一系列网络直播或录播课程，通过线上传播的方式，打破地域限制，为省内青少年和家长提供线上指导和专业服务。

二是打造线下项目品牌，探索全方位服务模式。针对热线或线上服务收集到的共性问题，组织开展父母学堂、亲子沙龙。重点围绕打造"阳光行动"主题系列活动，通过组建成长导师团，根据不同年龄段，制定差异化公益课程，提供线下公益课程进校园、进社区等服务。针对特定青少年群体，开展重点青少年法治教育宣传、涉罪未成年人社会调查、附条件不起诉、涉案未成年人心理评估及辅导、案件未成年受害人帮扶等辅助工作。针对学习力不足的青少年，利用寒暑期集中开展学习力训练营，帮助孩子增强学习的兴趣和信心。针对困境青少年群体开展成长守护行动，组建成长导师团队，定期为困境青少年提供全面的成长指导，并为困境青少年建立个人成长档案，跟踪记录服务过程，实现精准帮扶。

三是建立专业志愿服务团队，实现专业化服务目标。为保障服务的专业性和持续性，南京12355定期面向社会招募心理、法律、社工等专业志愿者，通过资质审核、业务测试等方式进行筛选，不断壮大专业团队的建设。首批招募10家医疗卫生系统、青少年领域专业团队、社会组织，组建青少年公益服务联盟。招募心理、法律、社工专业志愿者100余名，参与线上服务、配合开展线下活动。同时，面向志愿者及工作人员定期开展业务指导、专业培训、服务交流、专家督导等，提供成长及实现价值的空间。另外，通过发放专家聘书、向所在单位或家庭寄感谢信、志愿者年度表彰、优秀个人评选、志愿者补贴等方式，激励和考核志愿者团队，不断稳定专业志愿者队伍，形成长效的工作和服务机制，提升南京12355的服务加专业化水平。

三、提高执行力，让服务成效"看得见"

自 2015 年注册"民非"以来，南京 12355 依托"南京小青柠青少年服务中心"，在南京鼓楼区小市街道、幕府街道、五塘社区、雨花区高家库社区等各街道社区，形成定点服务模式。同时，积极参与政府购买服务及公益创投项目，如"筑梦青春·益起来"成长相伴阳光行动项目、"绘声绘色·爱传万家"社区绘本阅读推广项目、"同享阳光·让爱飞翔"低收入家庭的未成年人成长计划、"阳光浸润·快乐相伴"困境未成年人精神关爱项目、"童享阳光·希望有约"暑期公益夏令营、"童享阳光·希望有约"爱心暑托班、"小雨点"暑期青少年公益夏令营、"情暖童心·快乐同行"六一嘉年华、"希望有约·快乐成长"江宁区暑期公益夏令营、"共创绿色校园·争做守法少年"南京市流动普法校园行、"牵手未来·呵护希望"青少年禁毒防艾普及活动等。

截至 2020 年底，南京 12355 通过"南京小青柠青少年服务中心"承接政府购买服务、申报公益创投项目 30 余项，服务范围覆盖南京各区，服务内容包含青少年综合素质养成、困境青少年关爱帮扶、青少年身心健康、安全自护、法治宣传、禁毒防艾等方面，累计服务青少年 1 万余人。

通过这些活动，南京 12355 形成良好口碑，让政府机关了解和认可 12355 的服务能力。出彩的活动宣传效果也使 12355 获得了更多的资源，形成良性循环。

四、提高适应力，让政府部门"用得上"

社会发展日新月异，青少年服务需求也在动态变化，党政关注的焦点也随之调整。只有适应形势发展，不断创新项目，优化服务内容，才能获得长期支持。

2020年疫情期间，南京12355积极响应团中央及团省委号召，在团南京市委的指导下，开展疫情期间青少年心理健康防疫保障工作。联合市卫健委、专业社会组织，共同招募了32名专业志愿者，组成专业医务和心理疏导志愿服务团队，开通24小时心理服务热线，提供疫情咨询、心理疏导等服务，普及相关知识。同时，利用12355微信公众号、微博等平台加强宣传，做好信息沟通、舆论引导和氛围营造等工作。截至目前，南京12355累计接收热线电话、微信咨询713例，通过南京12355微信公众号、微博发布疫情相关信息520篇。

正是由于南京12355注重不断提升自身的公信力、竞争力、执行力和适应力，使得政府机关购买服务找得到、用得上，才能不断获得资金支持，进入良性发展的轨道。

（共青团江苏省委员会）

积极参与基层治理
——突发公共事件中 12355 的作用

进入新时代，新的职能任务和工作特点要求 12355 青少年服务台要主动适应形势变化，更加积极地参与到社会治理中去。《关于加强新时代 12355 青少年服务台建设的意见》第十三条指出，新时代 12355 青少年服务台要"积极参与基层治理"。

平时，12355 服务台要走进社区，广泛开展法治宣传教育、禁毒防艾宣传教育、家庭教育、青少年网络素养教育等活动，配合民政部门和乡镇（街道）、村（社区），针对留守儿童、进城务工人员随迁子女、残疾青少年、困境儿童、建档立卡贫困家庭青少年等群体，承担发现、报告、转介职责，提供社会融入、亲情关爱等帮扶服务。

而在面对自然灾害、公共卫生、社会安全等重大突发公共事件时，12355 服务台更要勇于担当、主动作为，根据当地应急响应机制要求，及时动员专业力量提供情绪疏导、心理咨询、法律援助等应急服务，切实为疏导群众情绪、维护社会稳定提供有效支持。

在 2020 年新冠肺炎疫情防控阻击战中，习近平总书记针对疫情期间心理疏导和心理干预工作的重要性，多次作出重要指示。2020 年 2 月 3 日，在主持召开中央政治局常委会研究疫情防控工作时强调，要加强心理干预和疏导，有针对性做好人文关怀；3月2日，在北京考察新冠肺炎防控科研攻关工作时指出，要高度重视心理健康，动员各方面力量全面加强心理疏导工作；3月10日，在武汉考察新冠肺炎疫情防控工作时再一次强调，要加强心理疏导和心理干预。我们看到，习近平总书记十分关心群众的心理健康，也多次强调要采取有效举措实施心理干预和心理疏导。为深入贯彻习近平总书记重要指示精神，坚决打好打赢疫情防控阻击战，团湖北省委第一时间作出安排部署，各市州团组织依托12355青少年服务台积极主动开展疫情防控心理援助工作，确保线路能接通、咨询有回应、服务有跟进，为广大市民提供了及时、便捷、科学、高效的心理服务。

一、理顺思路，建立机制

疫情伊始，湖北12355青少年服务台积极响应号召，迅速行动，将服务台升级为"12355心理服务台"，建立全方位系统工作机制：服务对象从青少年群体延展为有心理服务需求的社会群众；服务内容从为青少年提供成长咨询、权益维护拓展为心理援助、信息咨询和困难帮扶同步推进的服务格局；服务时段从工作日值班制改为24小时值守制，确保全天候不间断接听，实现全时段服务；服务力量从志愿者服务团扩充为心理专家服务团，建立心理服务专家库，形成服务合力。

二、积极动员，整合资源

抗疫号角一吹响，各市州团委迅即动员全省58家社会公益性心理机构的专家队伍参加心理服务工作，超过290名具有专业资格证书的心理专家参加热线值守，另有 225 名心理服务志愿者参与辅助工作。随着抗疫斗争的深入，更多的力量逐渐充实到服务队伍中。

截至 2020 年 4 月下旬，全省共青团累计组织心理咨询师 716 人，社工 219 人，其他 196 人。同时，团湖北省委积极动员 17 所高校心理服务机构参与疑难案例支援工作，建立高校心理服务专家库，成为心理服务力量的有效补充。据不完全统计，各市 12355 平台均开通 2 条以上的服务专线（部分市达到 10 条），确保线路第一时间接通，全省累计提供咨询服务 9749 起，其中心理求助 6607 起，处置个案 1123 起，心理服务时长超过 5 万分钟。

三、主动出击，靠前服务

为了深化服务成效，各市州 12355 服务台变被动服务为主动援助，立足于群众在哪里，心理服务就做到哪里，不断创新主动援助的方式方法。

如团武汉市委组织志愿者专家到洪山体育馆方舱医院开通心理咨询现场广播，为江汉方舱等 11 个方舱医院开通方舱广播，为病人提供心理咨询服务，稳定病人情绪。当方舱医院逐一闭舱后，又组织心理专家志愿者加入汉阳区、硚口区、武汉经济开发区等康复驿站、发热集中留观点微信群，利用新媒体手段为病患及市民提供线上心理援助；与武汉市应急广播电台、武汉交通广播（FM89.6）深度合作，为康复点录播康复驿站心理节目。据不完全统计，仅武汉一地运用新媒体直播平台，就推出心理援助公益直播 53 期，观看量达 1135.2 万人次。一系列主动服务的举措为助力打赢全省疫情防控阻击战提供了有效支持。

在抗击疫情的每个白天与黑夜里,全省12355心理服务台的心理咨询师们秉承"人生风雨无阻,唯愿与子偕行"的工作理念,耐心倾听求助者的倾诉,通过专业技术对他们进行心理疏导,成功帮助不少求助者卸下心理包袱。隔山隔水不隔爱,封路封城不封心。热情真挚、专业有效的心理服务,使人们在感到孤独、恐慌、焦虑、压抑时,能够感受到来自党和国家、政府和各级部门以及社会各界人士的关心和爱,鼓舞人们的抗疫斗志,坚定必胜信念。

(共青团湖北省委员会)

12355 志愿者认证管理与激励

《关于加强新时代 12355 青少年服务台建设的意见》(以下简称《意见》)中指出,有效盘活专业队伍是 12355 青少年服务台完善整体协同保障机制的一个重要部分。其中,建立志愿者认证体系,完善管理机制和激励机制,则是有效盘活专业队伍的重要任务与手段之一。

近年来,我国志愿服务事业取得长足进步,《志愿服务条例》等法规政策文件的出台,推动我国志愿服务进入一个新的发展阶段。党的十九届四中全会审议通过的《中共中央关于坚持和完善中国特色社会主义制度、推进国家治理体系和治理能力现代化若干重大问题的决定》(以下简称《决定》)把"健全志愿服务体系"作为坚持以社会主义核心价值观引领文化建设制度的重要任务之一。

《意见》中对于 12355 青少年服务台志愿者认证管理以及激励机制的有关要求是对《决定》在青少年公共服务领域的积极实践与探索,有助于推动 12355 青少年服务台发挥社会支持的服务枢纽作用。云南昆明 12355 青少年服务台(以下简称云南昆明 12355)在志愿者管理中积极探索与实践,取得了一定成效。

一、准确定位志愿服务方向，加强志愿服务整体规划

云南昆明12355成立于2008年4月，在共青团云南省委和共青团昆明市委的共同管理与指导下，秉承"做专业的青少年成长伙伴"的使命和理念，以"专业化、社会性、权威性、项目化、品牌化"为核心，以为青少年提供高质量、多样化的服务为目标，以"团干+社工+专业志愿者"为工作模式，建立相对完善的志愿者认证管理体系。力求以稳定的专家队伍、志愿者和志愿服务团队、社会组织和社工机构等，为青少年权益维护工作提供社会支持，打造青少年成长发展和权益维护的公益服务阵地，为青少年提供常态化法律咨询、心理咨询、困难问题帮扶和合法权益维护等专业服务。

目前，云南昆明12355已建立了一套涵盖志愿者资格认定、注册分类、等级评定、专业能力提升、激励管理、志愿者退出以及志愿服务质量评价等环节的志愿者认证管理体系用于志愿服务的开展与志愿者的管理。

二、细化志愿者认证流程，优化志愿者注册管理

加入云南昆明12355主要包括以下步骤：招募、报名、审核、面试、培训、签订协议、注册。

在进行志愿者认证过程中，云南昆明12355从自身服务实际出发，明确志愿者招募条件与标准，通过机构自身渠道与志愿服务网站，以定期招募和非定期招募、社会化与组织化结合的形式招募志愿者。经过初筛、资质审核、面试等环节后，对于符合标准的志愿者，从志愿

精神和业务能力等方面开展系统化的岗前培训和专业性的指导。培训结束，即实行"上岗实践"，每位志愿者需接听12355热线电话24小时，开展基础的服务实践。

通过接线服务，12355从志愿者对热线服务的流程、能力以及对机构志愿服务的理念等方面进行初步考核，服务时满及考核结束后，在确保志愿者对机构与服务项目有真实、准确、完整的了解前提下，正式签订志愿服务协议，明确双方的权利与义务，保障志愿服务顺利开展。

已签订志愿服务协议的志愿者成为12355正式志愿者，可以根据12355服务活动及项目要求，结合自身特长，逐步参与12355其他类型服务。之后，12355会根据云南省昆明市志愿者注册相关规定，正式对志愿者进行注册管理，并依据志愿者的专业资质与服务领域进行分类管理。

在参与12355服务期间，为促进志愿者与12355的共同发展，衡量双方合作的成效及意愿，对志愿者实施基础的志愿服务考核管理。考核内容为当年志愿者参与机构的志愿服务时长、服务工作质量、服务期间遵守机构规章制度及法律法规情况等。考核结果作为是否延续12355志愿者身份、续签服务的依据。同时，12355志愿者认证管理制度也明确了退出的条件与情景，确保志愿工作在合理、合法、合规的基础上切实为12355的发展提供支持。

三、推行志愿服务分类运作，加强服务评估和风险管理

为保证志愿服务质量，让志愿者能够在自己擅长的领域开展服

务，提高志愿服务的获得感与归属感，云南昆明 12355 对志愿者进行等级评定，根据项目对应设置零到三级的四级志愿者等级，每一级设置相应的条件，对志愿者进行初步的分类管理。同时将志愿服务分为个案、测评及研究、团体辅导（活动）、讲座、工作坊、专业督导和通用志愿服务七类，明确每级服务岗位的条件及胜任力，结合志愿者初步的等级核定，用于日常活动与项目的人力资源匹配，确保服务质量。

在前端进行了人才的胜任力的认定与基础统计后，在具体服务过程中，服务台加强对志愿服务的评估和风险管理。

一方面，通过建立督导培训机制，有针对性地为志愿者开展个案督导、团体督导及项目培训，及时研判分析志愿服务中存在的不足及问题，提出解决建议及办法，提升志愿者的胜任力以及志愿服务的效果。

另一方面，12355 依据相关法律法规和政策制度要求，综合运用社会学、心理学、社会工作、统计学以及经验法、专家论证法等科学理论和方法，制定了《云南昆明 12355 青少年服务台质量管理手册》以及《昆明市青少年社会服务项目质量评价标准》，明确了志愿者服务及项目服务的质量评价标准。每次志愿服务完成后，对志愿服务进行服务对象满意度调查，了解志愿服务成效，并将结果及时反馈给志愿者，提升志愿者的服务信心。项目结束后，对服务成效、可借鉴推广资源及存在不足等方面进行总结评估，对服务实施进行风险管理，确保志愿服务有效开展。

严格的志愿服务管理及专业的及时反馈，为志愿者的成长及志愿服务的质量保障提供了最基础和最坚实的保障，也是 12355 专业服务团队得以持续稳定、不断造血的关键核心。

四、建立志愿时及分级管理激励机制，提高志愿服务效率

通过量化志愿服务，准确地计量志愿服务为构建和谐社会所作出的贡献，提高志愿者积极性及公众对志愿服务的关注度。为重视志愿者工作的考核与激励，建台初期制定了《云南昆明 12355 青少年服务台志愿者星级考核办法》，对志愿者的标准、具体考核办法、相应分值及星级等作了具体规定，并在实际工作中不断理顺和改进。

志愿时管理是在以志愿者实际志愿服务时间及类型所进行的积累和统计的基础上，将具体志愿服务时长作为志愿者星级评定、评优、评先，机构培训、学习机会获得的依据。目前，云南昆明 12355 志愿时分为"服务志愿时"及"兑换志愿时"两种。

"服务志愿时"对志愿服务进行实时登记、痕迹管理，建台初期采取了"T+V"值的记录方法，对不同类型服务除记录实际服务时间外，还加入了"价值"的评价，以此来区别不同类型服务的难易、付出等。服务志愿时作为志愿者星级评定的依据，对志愿者进行一星级到五星级的评价，同时也是评优评先及参与相应表彰的依据。

"兑换志愿时"是云南昆明 12355 对志愿者进行激励管理的另一个有效的手段。建台之初，云南昆明 12355 未实现实体化运作、项目化运作，为激励志愿者持续参与 12355 公益服务，12355 实施"兑换志愿时"制度，将志愿者的服务志愿时进行等价核算，按照 1 小时 =10 元的标准，折算成相应的培训成本费用，为有需求参加成长培训的志愿者提供培训费用，提高志愿者服务能力。发展至今，对"兑换志愿时"的应用进行了调整，每年依据服务志愿时，对于志愿服务时长、学时

及志愿服务质量综合评价最优的两位志愿者，为其提供外出培训或专业学习的机会，并由机构承担成本费用。除此之外，所有志愿者在机构组织或合作的培训当中，均可以享受免费培训或减免优惠。

"志愿时"的管理运用，一方面让志愿者清楚地了解自己的志愿服务轨迹，同时，也是对志愿者服务价值的一个体现，更重要的，是保障志愿者不断提升能力，提升12355服务质量。

（共青团云南省委员会）

12355 实体化运营模式分析

自 2006 年团中央印发《关于建设 12355 青少年服务台的意见》以来，各省市按照团中央的部署意见和指导精神建设本地 12355 青少年服务台，取得了丰硕的工作成果和宝贵的实践经验。

山西省 12355 青少年公共服务平台自 2008 年建台以来，先后探索经历了三种不同的运营模式，其中持续时间最长、最为稳定的是事业单位运营模式，目前取得的许多工作成绩均有赖于事业单位的运营模式。在收获成绩的同时，山西 12355 也面临着运营模式带来的一些困惑，需要进一步探索和突破。

在 2020 年出台的《关于加强新时代 12355 青少年服务台建设的意见》（以下简称《意见》）中，明确了 12355 实体运作的建设方向，为服务台下一步的发展提供了有益指导。《意见》第七条：逐步实现实体运作，鼓励有条件的服务台注册以团组织为业务主管单位的民办非企业单位，或列入团属事业单位、"青年之家"平台，使 12355 青少年服务台具备政府购买服务项目竞标资格。争取财政经费支持，强化社会资源募集手段，探索"团组织管理＋机构运作＋基金支持"的事业化发展道路。

实体化运营模式是支撑服务台长期、稳定、可持续发展的关键因素,但由于各地经济社会发展水平、文化背景、公共资源、专业人才资源等方面的差异,各地需要结合实际情况,逐步探索适合本地的实体化运营模式。现结合山西12355的探索实践以及对全国服务台运营模式的调研情况,对12355实体化运营模式进行剖析,以期为各兄弟省份12355工作提供一定的参考。

一、无实体模式

（一）运营方式

由团委权益部门直接负责,没有独立机构承接,仅聘用专业人员参与具体工作。

（二）山西实践

山西12355自2008年建台至2009年底,采取此种模式。由团省委权益部门聘用法律和心理专业人员,并指派权益部专人负责服务台工作。

在建台初期,团省委的高度重视、权益部的直接负责、专职人员的专业参与,均给山西12355打下了扎实良好的工作基础,为之后的事业单位申办成立做好了充分准备。

（三）优缺点对比

优势:

1. 权益部直接负责,确保服务台始终按照共青团权益工作总体部署和青少年现实需求开展工作,工作方向无偏差。

2. 聘用专职且专业的人员直接负责接线值机、管理专业志愿者团队、组织项目活动等,确保各项工作能及时有效推进,保质保量为青少年提供各类服务。

不足：

1. 没有实体机构，工作局限性很大，无法与时俱进地参与承接各类政府购买项目，经费支持、工作可持续性越来越受影响。

2. 工作人员缺乏归属感，不利于工作队伍的长期稳定和专业人才的培养留用，进而影响到服务台工作的不断创新和持续良好发展。

二、事业单位运营模式

（一）运营方式

由团省委或团市委直属事业单位负责运营 12355 服务台，事业单位人员直接参与服务台具体工作。

（二）山西实践

2009 年底，团山西省委从"大权益"的角度出发，多方协调争取，在 12355 服务台的基础上，成立了直接服务平台工作的直属事业单位——山西省青少年维权中心，形成了"部门+中心"相互配合、功能互补的权益工作布局，为 12355 服务台的建设发展提供了有力的组织保障，彻底解决了 12355 人员不稳定、工作不延续等发展"顽疾"。

在"事业化推进 12355 服务台建设"的基础上，团省委通过"项目化支持 12355 平台工作"的方式，将中央专项彩票公益金支持山西省困境青少年心理健康和安全教育、禁毒防艾宣传教育、未成年人司法保护等各类项目，交由维权中心负责执行，每年直接服务全省 120 余万青少年；通过"体系化保障未成年人权益维护"的布局，将 12355 定为未成年人保护工作枢纽，链接行政、司法、群团、社团等多方资源，形成长效工作机制。

随着事业单位改革的不断深入，山西12355在政府购买服务和社会化发展方面，也遇到了一定的瓶颈和困惑。

（三）优缺点对比

优势：

1. 事业单位作为团委机关链接社会组织的中间载体，可以充分发挥事业单位和团委权益部门的职能互补优势，有效地辅助团委机关集中整合社会资源，指导监管社会组织参与12355服务台工作，确保服务能力和服务质量。

2. 事业单位的机构和编制内人员相对稳定，可确保工作有效落实、长期持续推进。

3. 社会公信力较高，公众更加信赖，与相关部门单位的沟通协调更加顺畅，工作机制更加稳定。

不足：

公益类事业单位既不能作为政府购买服务的购买主体，也不能作为被购买主体，对项目承接、经费争取等有一定的影响。

公益类事业单位不得从事经营活动，对普通青少年公众心理咨询等方面的市场化需求难以满足。

三、社会组织（民非）运营模式

（一）运营方式

由团委采用政府购买服务的方式，将12355服务台工作委托至社会组织（民非），由社会组织人员直接参与服务台具体工作。

（二）山西实践

山西自 2009 年底成立维权中心开始，始终采取事业单位运营 12355 服务台的模式，其间，曾探索开展过引入民非组织承接相关服务的方式，但受限于山西省社会组织和社工人才整体发展水平，暂时还没有取得理想的实践效果。虽然社会组织和专业志愿者对山西 12355 的工作提供了极大支持，但限于省情，山西 12355 的社会组织运营模式仍需要进一步探索实践。

2019 年底，山西 12355 曾对全国 15 个省份的 12355 服务台进行了访谈调研，在结合山西实践与兄弟省份经验做法的基础上，对社会组织运营 12355 的模式有了更进一步的认识。

（三）优缺点对比

优势：

1. 社会组织可按规定承接政府购买等项目，经费能得到一定保障。

2. 社会组织可以开展收费服务，既能满足青少年及公众的现实需求，又能实现自我造血，将其收入再用于开展公益事业，实现良性循环，可持续性较强。

不足：

1. 社会组织须自负盈亏，生存压力会在一定程度上影响其工作质量和可持续性。（机构规模小、人员少，运营成本虽低，但会在政府竞争性购买中处于劣势；机构规模大、人员多，虽可能承接较多项目，但运营成本高，同时项目任务重，可能会导致工作重心偏移，无法很好地推进 12355 项目工作。）

2. 社会组织是独立法人，与团委仅在承接项目基础上开展工作合作，存在一定的不稳定性，可能会因为社会组织的机构变化、法人变化等造成工作的突然停滞或脱节。

3. 社会组织在与党政部门的工作对接等方面，很难独立完成，仍需要团委的协调支持。

调研显示，目前采用社会组织运营模式且12355服务台工作卓有成效的省份，其团组织（权益部门或事业单位）直接指导和有效监管社会组织、给予较大的政策和经费扶持等诸多经验做法均值得学习借鉴。

四、小结

无实体模式、事业单位运营模式、社会组织（民非）运营模式，均有其各自的优势和不足，每种模式也都有其取得较好实践成果的省市。因此，在《关于加强新时代12355青少年服务台建设的意见》指导下，各地12355服务台逐步实现实体运作的过程，也是将各地成功经验逐步本土化的过程，需要各省市结合本地实际情况，参考各种模式的优缺点，扬长避短，逐步完成新的突破，实现更好的发展。

（共青团山西省委员会）

12355青少年服务台
实体运作探索之路

随着社会的不断发展，青少年成长需求和权益保护发生了急剧变化。新时代、新发展、新理念，对12355青少年服务台建设提出新的要求。《关于加强新时代12355青少年服务台建设的意见》中指出，鼓励有条件的服务台"逐步实现实体运作"是新时代12355青少年服务台建设的一项重要运行机制。

一、基本概况

西安12355青少年服务台成立于2008年，是团中央全国首批41个试点城市之一，是由团西安市委直接领导的公益性、专业性、综合性服务平台，旨在为青少年提供心理健康、家庭教育、学业指导、就业创新等方面的指导。

团西安市委积极协调12355办公场所，在位于西安市中心地带的市青少年宫落实了独立的办公场所以及办公设备，分为办公区域、面询室和沙盘游戏辅导室三大区域；有两部12355热线电话，服务时间为周一至周日上午9点至晚上10点，全年无休。服务场所固定，10年未变。

二、实体化运营的经验启示

1. 始终坚持党领导下的团属阵地性质，依法依规运营和开展服务。把握正确的政治方向，在团西安市委的领导和业务主管下，将促进全市青少年健康成长与共青团履行政治职责紧密结合，在具体服务中加强对青少年的政治引领作用。严格遵守法律法规和相关行业管理规定，严格落实意识形态工作责任制，把好政治关、风险关，依法保护青少年的个人信息。

2. 运用社会工作理念，承接政府购买服务，积极探索实体化运营模式。团西安市委经过积极探索和大胆实践，注册成立了以团西安市委为业务主管的民办非企业法人单位负责日常运行，构建"政府购买、社会组织承接"的运营模式，走出了一条政府推动扶持、社会化运作经营、社团组织合作的实体化发展之路。

实体化运营以来，凭借自身的专业水平和社会公信力，成为西安市第一个接受政府购买青少年心理辅导和家庭教育的平台。采用政府购买的形式先后承接未央区司法局的"青少年社区心理矫正"、团市委的"儿童村服刑人员子女心理关爱"、"中高考心理辅导服务项目"等多项青少年社会事务项目，初步成长为具有社会认可度的专业服务平台。2018年，西安12355青少年服务台成为团中央未成年人保护专线的试点单位之一。

3. 线上线下双联动，打造品牌活动，不断完善实体化服务机制。在做好线上服务的基础上，结合不同青少年群体的各种需求，以爱与梦为主题，打造品牌化主题活动。全年策划开展"与爱同行，为梦护航"

公益活动，每年4-7月开展"12355阳光中高考伴你行"中高考进校园心理辅导，在西安广播电台《市民热线》（FM95.0、AM810）专题开展"心理学与生活"等活动，特别是每年5月开展的"与爱同行，为梦护航大学生心理健康教育月"校园行是服务台五大常规主题活动，受到国家级、省级、市级媒体的广泛关注，有效提高了平台的知晓率和美誉度。

同时，将各类品牌活动与青少年权益保护相结合，不断推动服务机制建设。12355青少年服务台逐渐成为青少年综合服务平台、青少年社会资源整合平台、青少年心理教育培训平台、青少年心理教育与家庭教育研发平台、心理系教育系大学生社会实践平台等五大优势的青少年公益平台，有着越来越大的社会影响力和公信力。

4. 强化专业队伍，注重专业特色，夯实12355青少年服务台核心竞争力。建立以专职为主、兼职为辅的专家和志愿者工作队伍。目前服务台拥有5名专职人员、32名固定的青少年沙盘游戏指导师团队和456名在册的青少年心理社工队伍。

同时，注重在全市培养青少年心理健康辅导专业人才，通过开展各类专业培训，培养出一大批专业人才，为服务台人才队伍梯队建设提供支持。

经过多年的摸索实践，服务台始终坚持走专业化道路，不断凸显专业性，形成一套服务台自主研发的具有核心竞争力的专业课程和专业教材，为12355青少年服务台有序、健康、可持续发展提供了强有力的支撑。目前经服务台自主编印的《中小学生家庭教育基础理论讲座教材》《青少年教练式父母初级班教材》《青少年沙盘游戏指导师培训手册》等6本课程及其教材已经全部完成。其中，教练式青少年沙盘游戏课程和教练式父母课程，是12355青少年服务台独创的具有核心竞争力的品牌课程，可在全国范围内进行培训。青少年个案辅导能力和家庭教育辅导能力也在行业内具有一定的影响力。

5.整合社会资源，强化协同联动，着重线下实体化服务。主动联系对接市中级人民法院，依托"红领巾法学院""青春灯塔""青春自护"等品牌活动，在小学、初中持续开展青少年心理咨询及法律咨询专项服务。与市人社局联动，依托政府购买项目，定期开展家庭教育讲座进社区、进学校活动。加强与12345市民热线的沟通联络，拓展12355青少年服务台的线下服务领域。

2020年新冠肺炎疫情期间，开通专项"心理防护"服务，与市卫健委对接，充分利用心理咨询专家库师资力量，每日共享和学习心理援助和危机干预相关资料，接听诉求和咨询529次，处置个案140次。统筹发挥社会资源的作用，提高自我造血功能。扩展12355青少年服务台合作单位，通过项目合作的方式，吸引社会资源的参与和支持；用专业的力量承接政府购买服务项目，为服务台提供必要的政策保障和经费支持。

（共青团陕西省委员会）

优化区域站点布局
发挥集中力量优势

党的十九届四中全会审议通过的《中共中央关于坚持和完善中国特色社会主义制度、推进国家治理体系和治理能力现代化若干重大问题的决定》，首次系统提出了中国特色社会主义制度和国家治理体系具有十三个方面的显著优势，其中有"坚持全国一盘棋，调动各方面积极性，集中力量办大事的显著优势"。

集中力量办大事是中国特色社会主义制度的重要特征，是我国国家制度和国家治理体系的显著优势之一。通过集中力量，解决关键难题，补齐短板弱项，推动全面建设和发展。《关于加强新时代12355青少年服务台建设的意见》中指出"优化区域站点布局"也是对"集中力量办大事"的生动实践和灵活运用。

优化12355青少年服务台区域站点布局即是根据当地经济社会发展实际和工作基础，在省会或工作基础较好的城市建设省级统一接入的服务台，或以地市为单位分别接入、实体化运营的建设机制。

通过建立省级统一接入服务台，实现对全省各地青少年来访电话的统一受理和分类处置；通过各地市建立线下服务阵地，实现对青少年来电需求的分级跟办和线下服务，形成一个能够满足青少年心理疏导、法律咨询、个案维权、成长服务等多方面需求的综合性服务平台，进一步建立整体活跃、层级分工明确、上下互联畅通的服务体系。有利于对全省优势资源的合理化配置，有利于全面了解和掌握省内青少年的发展现状和成长需求。

一、集中统筹，发挥优势，解决服务台建设短板

在团中央权益部指导下，按照"优化区域站点布局"的设计思路，团吉林省委建立全省统一接听的12355青少年服务台，并借鉴先进省份经验做法，采取"集中受理、分类处置、分级跟办、线下服务"模式，全年无休，每天14个小时统一受理省内青少年的诉求和咨询电话，为青少年提供心理疏导、法律咨询、个案维权和成长服务。

根据青少年不同需求，对接省心理咨询师协会、律师协会，协调省青联委员参与，组建近百人的省级12355青少年心理疏导、法律咨询服务团，建立省级12355青少年工作站14个。

2020年新冠肺炎疫情期间，开设全省防疫心理热线，招募心理疏导志愿者124人，为青少年及其家长解决疫情期间的困惑和焦虑。

二、自上至下，完善机制，推动青少年个案办理

依托省未成年人保护委员会，制定《吉林省12355青少年服务台维权服务个案办理工作制度（试行）》，在省未保办下设个案处置组，由省12355青少年服务台负责日常管理。在市县未保办设立个案处置机构，负责个案的转办处理。充分发挥各级未成年人保护委员会成员单位职责，坚持"一号接听、集中受理、分类处置、统一协调、各方

联动、限时办结"工作原则，建立跨系统跨部门的 12355 青少年个案转办体系。

三、定期分析，精准研判，掌握青少年成长需求

通过详细记录来电青少年的属地、性别、身份和咨询内容等信息，建立来电青少年信息台账，并对相关数据进行分析研判，发现来电青少年存在的心理、法律等方面问题，梳理青少年群体共性需求，定期总结形成 12355 运营工作简报，努力为各级团组织精准服务青少年提供参考依据。

四、整合资源，加强合作，提升服务台影响力

主动对接政府职能部门，与省检察院签订《构建未成年人检察工作社会支持体系合作框架协议》，建立 12309 未检专线和 12355 青少年服务台合作机制。与省司法厅联合下发《关于实施关爱未成年人健康成长法律援助保护行动的通知》，在全省市县建立未成年人法律援助工作站，建立 12348、12355 衔接协作制度。协调省新闻广电局在 FM100.1 调频，围绕青少年阶段性问题，定期播出 12355 走进"约会班主任"节目。依托各地 12355 青少年服务团和工作站开展"轻松备考 12355 与你同行""12355 进校园"等活动，走进青少年群体，推介 12355 青少年服务台。

依托新媒体协会，制作 12355 宣传动画视频和抖音说唱 RAP，通过微信、抖音等新媒体方式进行宣传。印制 12355 宣传海报和折页在地铁、轻轨、学校和社区张贴发放。

2020 年新冠肺炎疫情期间,积极联系移动、联通公司,向全省青少年及其家长发送 12355 青少年防疫公益短信 1350 余万条。

吉林 12355 青少年服务台通过"优化区域站点布局",解决了以往市级团委独立建设服务台人员资金困难、服务质量参差不齐、青年需求数据大量流失等现实问题,努力打造便捷、可靠、青少年信赖的专业服务平台,为吉林省青少年的成长与发展提供精准助力。

(共青团吉林省委员会)

浅谈 12355 青少年服务台的区域站点布局优化

《关于加强新时代 12355 青少年服务台建设的意见》(以下简称《意见》)中指出,优化站点布局是保障新时代 12355 青少年服务台建设的一项重要运行机制。

12355 站点布局构建得是否科学合理,直接影响到区域内青少年诉求表达渠道的畅通性、青少年需求与社会服务资源对接的有效性以及服务青少年和青少年接受服务的便利性。站点布局的合理构建应该坚持总体规划与分步实施相结合、资源整合与充分共享相结合、服务需求与突出重点相结合、统一推进和地方实际相结合等原则,通过在全国、省、地市建立以信息系统为核心,多种接入方式和服务方式并存,后台资源统一调配的服务平台,进而发挥青少年成长发展的基础性事务的信息搜索引擎、解答咨询中心和协调处理中枢的作用。

省域统筹对于服务台的区域站点布局起到决定性作用,省域统筹从运行的角度可分为信息共享与资源调配。现以辽宁省 12355 服务台的区域统筹落实情况为例,对如何构建适合本地的 12355 站点布局进行分析解读。

一、省级统一接入与地市分别接入的联动机制

《意见》中指出,"可以在省会或工作基础较好的城市建设省级统一接入的服务台,也可以以地市为单位分别接入、实体化运营",接入方式的选择需要综合考虑当地经济社会发展和工作基础,此外还要分析青少年在拨打 12355 热线时的习惯与心理。

以辽宁省为例,省内的 14 个地级市均建立了市级"青少年服务台"或"服务热线",但各地市服务台的宣传效果差别较大,不同城市的青少年对于 12355 平台的功能认知也有较大差别。而辽宁省级服务台微信公众号在升级改版后的消息更新实时性、宣传辐射度与关注数量较各地市有明显优势。

因此,辽宁省级 12355 服务台在微信公众号中设立了统一接入端口与网上留言端口,同时各地市服务台依然具有分别接入的功能,这样在接入的区域与服务功能上形成了省市两级服务台的联动机制。省内任意地市的青少年均可通过省级微信公众号或直接拨打"12355"来选择相应地市的服务台,同时省级接入平台在沈阳、大连等中心城市的接入端设置了相邻区域服务台选择功能,既整合了服务资源,也使青少年有了更加丰富的选择。

此外,省级 12355 服务台在微信公众号中设置了网上留言功能,有专人负责对留言信息进行登记办理,其中需要由各市服务台或其他单位协助办理的个案,将以转接单的形式进行专门对接并跟踪反馈。

二、线上权益诉求与线下品牌活动相结合的服务机制

在 12355 运作的过程中，我们发现很多个案具有一定的普遍性与共性，12355 的服务功能不应仅限于个案的办理，还应注重普惠性的权益服务，在这样的背景下，线下服务阵地的布局与建设显得十分重要。

《意见》中指出"地市应建立 12355 线下服务阵地，联系专业力量、承接个案处置、开展线下服务。根据目前条件，县级地区原则上不再新建站点，可承接线下服务活动"，这是全国各省域统筹服务台的普遍做法，但市、县的线下阵地如何建设、服务如何开展是布局中的难点与关键。

以辽宁省为例，12355 服务台的线下阵地由团省委权益部进行统筹指导，各市县根据自身的特点和优势，将权益战线的品牌活动与青少年权益诉求相结合，将品牌活动的阵地有效拓展为 12355 的线下阵地。比如，全省各系统被命名为青少年维权岗（国家、省、市三级）的单位，依照自身功能与优势承接关于青少年普法宣传、禁毒防艾、心理疏导、自护教育等方面的 12355 线下活动；"双零"社区试点成为 12355 青少年权益维护的最前沿阵地；"未检社会支持体系"试点成为涉案青少年维护权益的专业阵地等。

目前，辽宁省依托品牌活动建设的 12355 阵地涵盖青少年维权岗、青年文明号、青年之家、"双零"社区试点、中高考服务站、"未检社会支持体系"试点、高校禁毒联盟、禁毒普法教育基地、心理卫生协会工作站、红领巾快乐成长站等。各市、县依据地方特色与优势

打造专业、丰富、灵活、共享、互补五位一体的12355线下阵地网络布局。

三、信息交流互通与资源统筹调配的共享机制

服务台优化布局，最主要的是解决青少年服务出现"空心化"的问题，因此要充分整合团内外资源和社会资源，有效对接青少年需求与社会服务资源供给，让服务台既成为广大青少年的服务中心平台，也要成为广大青少年工作者的信息与资源共享平台。

以辽宁省为例，省级服务台在构建标准化个案转接处理、长效化信息跟踪反馈、动态化研究和舆情监测等机制的基础上，建立了信息交流互通机制，针对全省各服务台办理的典型性个案，在确保当事人隐私的基础上进行交流共享，约请多位专家进行分析研判，形成相关问题的标准化、专业化办理方案，为全省各级服务台提供借鉴。

同时，省级平台积极发挥共青团的统筹协调作用，积极争取相关职能部门支持，切实加强部门间的协同联动，针对青少年权益典型案件和热点事件，探索建立快速响应机制，确保青少年个案的"无障碍"受理，推动青少年问题得到妥善解决。近年来，辽宁省12355平台统筹资源，配合公安、司法、民政等有关部门积极介入"某小学女孩受害事件"、"研究生奖学金伤害事件"、疫情期间青少年"因疫受困"等社会广泛关注的热点事件，为青少年提供全方位的心理援助和维权服务。

（共青团辽宁省委员会）

附件一
心理学名词解释

1.共情：由人本主义创始人罗杰斯提出，也常译为投情、神入、同感心、同理心、设身处地等，包含三个含义：①咨询师借助求助者的言行，深入对方内心去体验他的情感、思维；②咨询师借助于知识和经验，把握求助者的体验与他的经历和人格之间的联系，更好地理解问题的实质；③咨询师运用咨询技巧，把自己的共情传达给对方，以影响对方并取得反馈。

2.感觉阈限：感觉器官对适宜刺激的感觉能力（感受性）是不同的，能引起我们感觉的最小刺激量叫感觉阈限，而阈限值越低说明个体的感受性越高，阈限值高说明个体的感受性低。

3.神经递质：是神经元之间或神经元与效应器细胞如肌肉细胞、腺体细胞等之间传递信息的化学物质。它与精神疾病有密切关系，像我们常见的氨基酸、去甲肾上腺素、多巴胺等均属于神经递质。

4.行为治疗：是在行为主义心理学的理论基础上发展起来的一种心理治疗流派，是当代心理疗法中影响较大的派别之一。行为治疗又称行为疗法，是使用实验确立的行为学习原则和方式，帮助求助者克服不良行为习惯的过程。系统脱敏法、厌恶疗法、模仿法、冲击疗法等均属于行为治疗。

5.霍兰德职业兴趣测试：是由美国职业指导专家霍兰德根据本人职业咨询经验和职业类型理论编制的测评工具。霍兰德认为，个人职业兴趣特性与职业之间应有一种内在的对应关系，职业兴趣测试对于职业选择和职业设计具有参考价值。

6.自我同一性：青少年同一性的人格化，是指青少年的需要、情感、能力、目标、价值观等特质整合为统一的人格框架，即具有自我一致的情感与态度，自我贯通的需要和能力，自我恒定的目标和信仰。

7.绘画心理测试：是让求助者通过绘画的创作过程，利用非语言的工具，将潜意识内压抑的情感与冲突呈现出来，比如常用的"房树人""雨中人"等，是求助者心理状态分析的一种工具。

8.家庭治疗：以家庭为对象实施的团体心理治疗模式。其目标是协助家庭消除异常、病态情况，以执行健康的家庭功能。这种治疗方法不着重于家庭成员个人的内在心理构造与状态的分析，而将焦点放在家庭成员的互动与关系上，从家庭系统角度去解释个人的行为与问题。

9.戏剧疗法：运用戏剧和电影过程来达到症状的减轻、情感的生理整合及个人成长的治疗目的，可以运用角色扮演、戏剧游戏、摹拟喜剧、木偶剧和其他即兴表演等。

10.认知行为疗法：是一组通过改变求助者对己、对人或对事的不良认知，来消除不良情绪和行为的心理治疗方法。代表性的有合理情绪疗法（BEBT）、认知行为疗法（CBT）、认知疗法（CT）。

11.焦点解决短期治疗：是指以寻找解决问题的方法为核心的短程

心理治疗技术，引导求助者看到自己的能力和优势，帮助求助者认识到同一事件的不同层面，为自己的问题找出解决方案，从而提高生活质量。广泛地应用于家庭服务、心理康复、社会服务、儿童福利、监狱、社区治疗中心、学校和医院等领域。

12. 催眠疗法：也称催眠治疗，是指用催眠的方法使求助者的意识范围变得极度狭窄，借助暗示性语言，以消除心理和躯体障碍的一种心理治疗方法。通过催眠方法，将求助者诱导进入一种特殊的意识状态，将咨询师的言语或动作整合入求助者的思维和情感中，从而产生治疗效果。

13. 系统脱敏法：用于治疗求助者对特定事件、人、物体或泛化对象的恐惧和焦虑。通过诱导求助者缓慢地暴露出导致焦虑、恐惧的情境，并通过心理的放松状态来对抗这种焦虑和恐惧情绪，从而达到消除焦虑或恐惧的目的。

14. 空椅子技术：是使求助者内射外显的方式之一。常常运用两张椅子，要求求助者坐在其中的一张，扮演一个"胜利者"，然后再换坐到另一张椅子上，扮演一个"失败者"，以此让求助者所扮演的两方持续进行对话。目的就是帮助求助者全面觉察发生在自己周围的事情，分析体验自己和他人的情感，帮助他们朝着统整、坦诚以及更富生命力的存在迈进。

15. OH卡牌心理投射技术：OH卡牌由88张图卡和88张字卡组成，是一种心理投射卡。透过88张精炼的生活化的文字卡，配合88张似是而非的图卡所组成的7744种随机的组合，来呈现生活中遇到的种种心理状态或者意象，是咨询师常用的心理咨询技术。应用于心理治疗、自我探索、心灵沟通、潜能开发、亲子互动、艺术治疗与团体游戏等。

16. 人本主义疗法：通过为求助者创造无条件支持与鼓励的氛围，使求助者能够深化自我认识，发现自我潜能并且回归本我，通过改善"自知"或自我意识来充分发挥积极向上的、自我肯定的、无限成长和自我实现的潜力，以改变自我的不良行为，矫正自身的心理问题。求助者中心疗法就是其中的代表。

17. 摄入性会谈：是咨询师通过与求助者面对面的谈话、口头信息的沟通了解求助者的心理状态，是一种旨在了解求助者的客观背景资料、健康状况、工作状况等方面信息的会谈方式。

18. 镜映：自体心理学（属精神分析理论）中的概念，用来描述父母与婴儿之间积极的情感回应与互动，它指父母作为自体客体对婴儿夸大的、展示性自我的正向响应或欣喜反应，这种响应会给婴儿一种全能操控感和某种夸大的自我体验。镜映作为来自自体客体（父母）的一种情感回应，确认了儿童在活力、伟大与完美上的天生意识，可以促使儿童发展并维持一种自尊和自我肯定的抱负与雄心。

19. 积极赋义：是家庭治疗中的重要技术，是指对家庭成员当前的症状、家庭系统状况从积极的方面重新进行描述，放弃挑剔、指责态度而代之以一种新的观点。这个观点从家庭困境所具有的积极方面出发，并将家庭困境作为一个与背景相关联的现象来加以重新定义。

20. "人在情境中"理论："人在情境中"理论是社会工作者常用的理论之一，该理论认为人的行为是生理、心理和社会三重因素综合作用的结果。也正因为如此，对一个人的行为进行分析就应该充分考虑到这三重因素的综合作用，而不是把人看作孤立的个案，要把人放到特定的情境中来理解，这样才能更好地帮助求助者解决问题。

21. 易感性人格：是指人格中致使个体不能有效地应对压力，从而对个体身心健康产生影响的方面，是一类高患病倾向的人格特质。

22. "蝴蝶拍"技术："蝴蝶拍"是一种寻求和促进心理稳定化的方法，是可以帮助求助者增加安全感和积极感受的方法之一。双臂在胸前交叉，双手轻拍自己的双肩，好像母亲在安慰受惊的孩子时的力度和节奏，用这个动作来使心理和躯体恢复并进入一种"稳定"状态。

23. "家谱图"技术：源于系统家庭治疗，是以图的形式描述家庭从祖父母到自己三代人的血亲关系和婚姻关系，可以帮助咨询师对求助者及其家庭系统保持一种系统观。"家谱图"作为工具可以很方便、快捷、有效地收集横向维度上的有关家庭信息；探索、解释、分析求助者的困扰或问题；分析家庭结构和家庭关系模式。

24. 创伤后应激障碍（PTSD）：又称延迟性心因性反应，是指在遭受强烈的或灾难性精神创伤事件之后，延迟出现和持续存在的精神障碍，创伤性体验反复重现、面临类似灾难境遇可感到痛苦和对创伤性经历的选择性遗忘。自然灾难（地震、洪水、飓风、疫情……）、人为灾难（空难、海难、车祸……）、暴力犯罪和恐怖袭击（战争、抢劫、强奸、家庭暴力）等容易诱发人们创伤后应激障碍。

25. 心理沙盘游戏：又称箱庭疗法，是一种心理映射技术。是指求助者选择一些模型（玩具）摆放在特定的沙盘中构成一些场景（作品），从而充分表现自己的内心世界，把一些内心冲突和不良情绪无意识地释放和投射在沙盘中，进而激活求助者的自我治愈能力及成长的力量，达到治疗的目的。

26. 意象对话疗法：是中国本土原创的心理咨询与治疗方法，由朱建军先生创建。意象对话疗法以想象为主要方式，运用原始认知系统（即中国人的"象思维"），通过意象来探索、呈现、调节、治愈人的深层心理状态。

27. 化解情感痴缠法：一种心理咨询技术，专门针对那些"剪不断，理还乱"的情感困扰，帮助求助者摆脱诸如不恰当的恋情、对父母过分依恋，对多年照顾的主人或仆人、曾经出生入死的战友甚至是宠物等等过分依恋的心理状态。

28. 焦虑性人格障碍：是一贯感到紧张、提心吊胆、不安全和自卑，总是需要被人喜欢和接纳，对拒绝和批评过分敏感，因习惯性地夸大日常处境中的潜在危险，从而回避某些活动的人格倾向。

附件二
参与本书编写工作的部分12355专家志愿者介绍

卢 勤

中国少年儿童新闻出版总社首席教育专家，广大孩子及父母的"知心姐姐"。曾获"韬奋新闻奖""宋庆龄樟树奖"等奖项，曾荣获"全国优秀少年儿童工作者""全国三八红旗手"等荣誉称号。

柯 英

原团中央《辅导员》杂志社社长兼总编。现任中国少先队工作学会副会长，中国少先队工作学会辅导员专业委员会主任，第八届全国少工委委员。

张满江

中国教育学会会员、国家二级心理咨询师，团中央12355青少年网络心理咨询平台专家组成员，北京市涉诉未成年人心理援助专家组成员。多次作为中央电视台《一线》、北京广播电台《教育面对面》、《北京晚报》"家有儿女"栏目心理、教育点评专家。

苏 伟

北京青年压力管理服务中心主任，国家二级心理咨询师；北京社会心理联合会监事、北京青少年法律与心理咨询服务中心理事，北京12355心理与法律服务热线专家。

左 莎

国家二级心理咨询师。2005年毕业于中科院心理所研究生班。曾任北京12355青少年服务台热线主管，北京市涉法涉诉未成年心理援助专家组成员。个案咨询超过一千小时。

王连发

中国心理学会科普委员会认证讲师，二级心理咨询师，邢台市心理学会理事长，邢台市12355青少年服务台负责人。

崔继红

国家二级心理咨询师，吉林省12355青少年服务台心理咨询师。吉林师范大学大学生心理健康教育中心咨询师，荣获共青团中央"抗击新冠肺炎疫情青年志愿服务先进个人"，主持参与省级、地厅级项目十余项，发表学术论文十余篇。

参与本书编写工作的部分 12355 专家志愿者介绍

谭 力

2002 年获国家首批心理咨询师、心理测验师，学习障碍矫正师，心理测量师。2003 年获国家首批注册二级心理咨询师、催眠治疗师、释梦师、团中央青少年体验式团体心理行为训练导师。2000 年创办牡丹江市第一所心理学校。

凌丽霞

国家二级心理咨询师，婚姻情感咨询师，安徽省心身医学专委会委员，安徽省心理卫生协会委员，黄山市第二人民医院心理咨询师，黄山市心理卫生协会副秘书长，共青团黄山市 12355 心理志愿者分会副理事长。

黄海虹

国家二级心理咨询师，国家中级社会工作师；福建省 12355 青少年服务台心理咨询师、讲师。福建电视台少儿频道心理栏目点评嘉宾。有超过 2900 小时的个案经验。

袁林方

团郑州市委 12355 青少年服务中心主任，国家二级心理咨询师，河南省青年研究会副会长，河南省心理专家，河南大学教育科学学院心理学硕士研究生导师，华北水利水电学院客座教授。

贾洪武

武汉大乘心理咨询中心主任,湖北省心理学会会员,武汉12355青少年服务台心理督导,毕业于哈尔滨医科大学,从事临床医疗、心理治疗和教学工作20余年。

丁毅然

常德美华脑康医院心理咨询科负责人及专业技术主管,怀化12355青少年服务台心理援助专家志愿者,国家人社部认证心理咨询师,国家人社部认证心理健康指导师。

杨凤定

广东省12355青少年服务台志愿者,国家二级心理咨询师和督导师。2017年进入广东省12355从事接线、质检和督导工作,质检2000多例无差错。著有《违法人员心理矫治》一书。

王 聪

2013年毕业于长春师范大学,高级中学心理教师,从事学生工作5年,现任共青团南宁市委预防青少年违法犯罪工作专职人员。

参与本书编写工作的部分 12355 专家志愿者介绍

江 澈

国家二级心理咨询师、社会工作师、家庭教育指导师、一级人力资源管理师，贵州省多家政府、教育机构专家组成员，贵州省第七次少代会成人代表。

惠安达

毕业于北京师范大学心理学院应用心理学专业。国家二级心理咨询师，云南昆明 12355 青少年服务台顾问。曾获中国青年志愿者优秀个人奖，2016 年被授予"昆明青年五四奖章"。

张 莉

共青团甘肃省委 12355 青少年服务台负责人，中级社工师，国家二级心理咨询师，甘肃省第十届青联委员，兰州市青年志愿者协会副秘书长，兰州大学哲学与社会学院硕士研究生导师、西北民族大学专业学位硕士研究生导师。

12355
青少年服务台